安全衛生
実践シリーズ

あなたの職場の安全点検

中央労働災害防止協会

●●● はしがき ●●●

　職場における安全の基本は，安全点検，整理・整頓および作業手順を正しく確実に実行することです。このうち，日常に行う安全点検は，機械設備等の不安全状態を早期に発見し，見逃すことなく是正するのに不可欠なものです。

　本書は，毎日の安全点検をより一層効果的に行い，さらに，点検によって機械設備等について改善を図っていただくために，機械設備ごとに，具体的な着眼点と日常的なチェックポイントをイラスト入りで解説したものです。

　今般，最新の知見，事業場で用いられている設備・工具の実態等を反映させ，全面改訂しました。

　本書が，効果的な安全点検の実施のために，職場の第一線の監督者や作業者の方々にお役に立つことができれば幸いです。

　　　　平成 30 年 2 月

　　　　　　　　中央労働災害防止協会

●●● も く じ ●●●

I 安全点検の手法

1 安全点検の目的　10

2 点検を効果的に進める方法　11
（1）いつ行うか　11 ／（2）だれが行うか　11 ／（3）何を点検するか　13 ／（4）どこでどのように点検するか　14 ／（5）点検を効果的に進めるには　15 ／

II 安全点検のポイント

第1章　機械設備　17

1 動力伝達機構　18
（1）原動機　18 ／（2）回転軸　19 ／（3）ベルト，プーリー，ギヤ　21 ／（4）動力遮断装置　23 ／

2 各種機械　25
（1）研削盤　25 ／（2）木材加工用機械　29 ／（3）食品加工用機械　35 ／（4）動力プレス　38 ／（5）シャー　49 ／（6）射出成形機等　51 ／（7）ロール機　52 ／（8）自動機・産業用ロボット　53 ／

3 工作機械　55
（1）工作機械共通　55 ／（2）旋　盤　57 ／（3）ボール盤　59 ／（4）フライス盤　60 ／

第2章　電気設備　61

1 低圧配線　62
（1）分電盤　62 ／（2）遮断器　63 ／（3）点滅器，押しボタンスイッチ等　64 ／（4）コンセント　65 ／（5）配線ケーブル（床または作業台への配線）　66 ／（6）移動電線　67 ／（7）手持型電灯　68 ／

2 電気機械器具　69

（1）電動機 69 ／（2）電動工具類 70 ／（3）交流アーク溶接装置 73 ／

3 静電気 76

第3章 危険物等 79

1 火　気 80

2 引火性の物質 82

3 発火性の物質 84

4 酸化性の物質 85

5 可燃性ガス 85

6 油ボロ（ウエス） 87

7 ガス集合装置 89

8 高圧ガスボンベ 90

9 塗装設備 91

（1）塗装設備全般 91 ／（2）静電塗装 92 ／

10 乾燥設備 93

（1）乾燥設備全般 93 ／（2）危険物乾燥設備 94 ／

11 可燃性粉じん 95

第4章 設備・環境 97

1 通路, 作業床等 98

（1）通　路 98 ／（2）作業床 99 ／（3）開口部, ピット等 100 ／（4）物品揚卸口等 102 ／（5）階　段 103 ／（6）はしご 104 ／（7）脚　立 108 ／

2 温度・湿度等 110

（1）温度・湿度 110 ／（2）採光・照明 111 ／（3）通風・換気 113 ／（4）騒　音 114 ／（5）有害光線 116 ／（6）酸素欠乏危険作業 117 ／

第5章 運搬用機械設備 121

1 コンベヤー 122

（1）コンベヤー全般 122 ／（2）ベルトコンベヤー 123 ／（3）各種コンベヤー 123 ／

2 フォークリフト 126

（1）フォークリフト全般 **126** ／（2）作業計画，作業指揮等 **126** ／（3）使用管理 **127** ／（4）作業開始前 **128** ／

3 クレーン等 **129**

（1）クレーン **129** ／（2）クレーンの使用管理 **130** ／（3）玉掛けワイヤロープ等 **132** ／

第6章 工具類 **135**

1 手工具 **136**

（1）手工具全般 **136** ／（2）ドライバー **138** ／（3）タガネ，ポンチ **138** ／（4）ハンマー **138** ／（5）スパナ **139** ／（6）万　力 **139** ／（7）カッターナイフ **140** ／（8）モンキーレンチ **140** ／

2 携帯用動力工具 **141**

（1）携帯用グラインダー **141** ／（2）電気ドリル **143** ／

第7章 作業服装 **145**

1 作業帽 **146**

2 作業服 **146**

3 履　物 **148**

4 その他 **148**

第8章 作業方法等 **151**

1 立ち作業 **152**

2 座り作業 **153**

3 運搬作業 **154**

4 作業方法，作業手順 **155**

付録1 表示・標識類 **157**

　　 2 チェックシートの例 **161**

さくいん **165**

参　考

1　安全点検の種類　12

2　よいチェックシートとは　16

3　点検にも改善が必要　16

4　運転開始の合図の要点　24

5　研削といしの覆い　27

6　動力プレス機械に対する安全措置　40

7　防護範囲の決め方と連続遮光幅（光線式安全装置）　42

8　接地の方法　71

9　漏電遮断器　72

10　主な引火性の物質・可燃性ガス　84

11　自然発火の防止方法　88

12　基本的な照明要件（屋内作業）　112

13　まぶしさを生じさせない方法　112

14　騒音防止策　115

15　ワイヤロープの違い　133

16　安全帯について　150

17　ひと仕事，ひと片づけ　156

災害事例

1　丸のこ盤で加工中，加工材が反ぱつして飛来し激突　32

2　動力プレスで加工中，指をはさまれ　48

3　タレット旋盤に巻き込まれ　58

4　グラビア印刷工程で，静電気火災　78

5　機械の洗浄中，ガソリンに引火し爆発　83

6　荷の取り下ろし中，はしごから転落　107

7　はしご兼用脚立上で作業中，転落　109

8　タンク内溶接で酸欠　119

I 安全点検の手法

1 安全点検の目的

　安全点検とは，機械設備等の状態を安全上の見地から常に十分確かめ，ささいな異常や変化を見逃すことなく，直ちに整備・改善を行い，災害を未然に防ぐための手段である。機械設備や作業方法を改善して職場から危険を排除することおよび作業者の行動のミスや誤りを機械設備等の安全化によって補い，災害に至らないようにすることに安全点検は欠かせない。

　職場に存在する災害の発生要因（リスクが大きいもの）をなくす，または低減していくためには，職場の機械設備等の危険性・有害性を見出してそのリスクの大きさを見積もり評価する「リスクアセスメント」および，その評価結果に基づく「リスク低減措置」を適切に実施していく必要がある。

　職場の安全点検は，リスクアセスメントの最初のステップの中で危険性・有害性を発見する際の重要な手法（活動）のひとつである。

　なお，安全点検でこれら災害の発生要因を見つけたときは，リスクアセスメントの実施等，直ちに安全化を目指して行動することを習慣化して欲しい。

2　点検を効果的に進める方法

(1)　いつ行うか

作業は，いつでも，どこでも，誰が行っても，安全に遂行すべきなので，作業中絶えず変化する状態や作業者の動作には常に留意するとともに，その都度または毎日の点検を怠ってはならない。また，危険・有害な事象が起こらないよう，作業の直前および作業再開の都度，きめ細かく点検を行わなければならない。

安全点検を行う時期は，点検の内容，危険性の度合，作業の状態等に応じて決めておくことが必要である。

(2)　だれが行うか

安全点検を生産ラインの中で確実に行うためには，誰が，何を点検するかという責任分担を明らかにしておかなければならない。また，点検の実施者は，保全員や直接操作を担当する作業者等のように，機械設備の構造，機能，使用方法および使用状況にもっとも精通している者がよい。そして，それぞれのポジションに応じた役割が果たせるように分担を定めておくようにする。

法令で定められている特定自主検査については資格のある事業内検査者，登録検査業者が実施することとされているが，定期自主検査，始業点検，日常点検等は担当作業者，保全担当者や知識・技能を習得している作業主任者，職長等を指名して行うことが効果的である。

■参考1　安全点検の種類

①始業点検　毎日の始業（作業開始）時に，機械設備等を点検する。
②日常点検　職長等監督者が受持区域内の物・人の両面にわたって点検する。
③終業点検　作業が終了してから持ち場の設備や使用した機械の異常の有無を点検する。
④月例点検　機械等の性能，構造に変化がないか等，法定の自主検査等を1月を超えないごとに定期的に行う。
⑤定期点検　機械等の性能，構造に変化がないか等，法定の自主検査等を1年を超えないごとに定期的に行う。
⑥特別点検（異常時の点検）　暴風，地震等の発生後，作業再開時等に設備等の異常の有無を点検する。

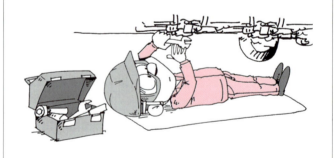

(3) 何を点検するか

　機械設備，電気，危険物等によって生ずる危険性だけでなく，作業方法，作業手順の遵守状況，安全確認や作業指示等，作業行動に関するものを安全点検の対象とする。また，将来実施することが予想される作業やトラブル時の対応等を幅広く点検する必要がある。一方，災害の発生状況，ヒヤリ・ハット体験あるいは日常の安全衛生活動の結果をもとに，予想される不安全な状態および不安全な行動を把握して，職場における点検の対象を選び，重要事項を定めておくのも効果的である。

　安全点検を効率よく，かつ確実に実施するためには，対象とする機械設備等の構造や機能を理解するとともに，点検技術に習熟しておくことが必要である。

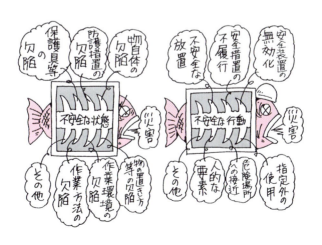

(4) どこでどのように点検するか

安全管理の日常業務として,次のように点検を実施する。
① 職場の実態を把握し,欠陥を発見する。
② 点検者の経験と安全知識によって,欠陥を見抜く。
また,①,②ともに点検基準の整備が決め手となるので,次の点に留意する。

a) 点検箇所,点検内容,点検方法および判定方法を盛り込んだ一定の点検基準を整備する。
b) チェックシート(点検表)を整備し,活用する。
c) チェック項目の記載は,具体的で誰もが理解できる表現とする。
d) 設備,機械または作業方法の改善の都度あるいは定期的に点検基準およびチェックシートの見直しを行う。

(5) 点検を効果的に進めるには

点検を効果的に進めるためには,次のような点に注意する必要がある。

① 点検に際しては,常に問題意識を持つこと。
② 不安全な状態を過小に評価しないこと。
③ 点検箇所を見落としたり,異常や欠陥を見逃したりしないこと。必要に応じ,メジャー,カメラ,測定器等を携行すること。
④ 日常の点検計画を作成し,分担を決めること。
⑤ 点検結果の報告ルートを定めておき,異常が発見された場合は,直ちに報告し,事業場としての是正措置に結びつけること。また,是正状況を確認すること。
⑥ 職長等監督者は点検結果を確認するとともに,ときには点検者に同行してその実態を把握すること。
⑦ 過去に異常,事故,災害が発生した箇所は,特に念入りに点検すること。
⑧ 日常のミーティング等で点検について関心を持たせること。

■参考2　よいチェックシートとは

　よいチェックシートとは，まず活用しやすいもの，つまり，具体的で分かりやすく，また，忙しい作業のなかでも容易に実施でき，効果をあげることができるものといえる。常に見直しを行い，事業場の最新の状態に適応させることが大切である。

■参考3　点検にも改善が必要

点検管理の診断書

自己診断（自問）項目	○	△	×	備考
1	日々点検の必要なものが選ばれているか。				
2	選ばれたものに対し点検表が作成されているか。				
3	つけやすい（チェックしやすい）点検表か。				
4	点検項目が多すぎないか（多いほど見落としが多くなる）。				
5	「点検→報告→是正」の経路が明確か。				
6	「点検→是正」経路に則り、点検結果が適切に処理されているか。				
7	監督者の必要手続き（問題処理）は迅速か。				
8	点検後の点検表は保管されているか。				
9	監督者は点検に際し部下の指導を継続的に行っているか。				

問題意識をもって点検と診断を！

II 安全点検の ポイント

第 1 章
機械設備

※解説中のチェックポイントには,
法令上必要な事項以外に,
安全確保上必要と考えられる
望ましい対応事項も含めています。

Ⅱ　安全点検のポイント

1　動力伝達機構

（1）　原動機　チェックポイント

① 　原動機の危険な部分の囲いには，取り付けの緩み，破損等で手指等が入るおそれはないか。

② 　囲いは，金網の目や，すきまが広がって危険部に手指等が届くおそれはないか。

③ 　床等に固定した囲いの取り付けボルトに緩み，脱落箇所はないか。

④ 　囲いの中さんに，足を掛けて上った痕跡が残っていないか。

設備導入時等のチェックポイント

① 　原動機の危険な部分には，身体が入るおそれのない有効な囲いが設けてあるか。

② 　囲いは丈夫に組み付けられているか。

③ 　囲いには，金属パイプ，山形鋼等の頑丈な材料が使われているか。

④ 　囲いの上部横材と床面の距離が 500 mm を超える場合，中間に中さんを設けてあるか。

第1章　機械設備

（2）　回転軸

回転軸には，次のような危険性がある。

a)　軸から飛び出た止め具やネジに作業服等が引っかか
り巻き込まれる。

b)　軸の表面が平滑であっても，わずかな水や油の付着
があったり，錆で軸の表面が荒れていたりすると巻き
込まれる。

チェックポイント

①　回転軸の覆い，囲い等は緩みや変形がなく，正しく
取り付けられているか。

②　回転部の端部に付属する止め具のネジが緩んで，止
め具の表面から突出していないか。または埋頭タイプ
でないネジに交換していないか。

設備導入時等のチェックポイント

①　作業または通行のためにまたぐ可能性のある回転軸
には覆いまたは踏切橋を設けてあるか。

②　回転軸の覆い，囲い等が適切に設けられているか。

19

Ⅱ 安全点検のポイント

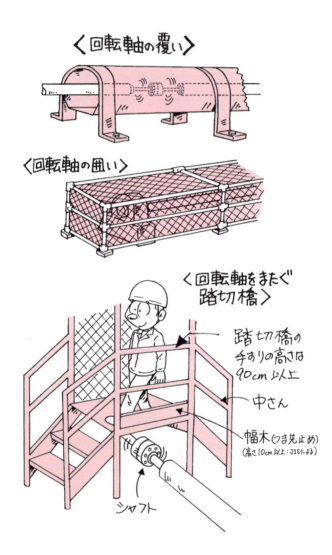

第 1 章　機械設備

（3）　ベルト，プーリー，ギヤ

ベルト，プーリー，ギヤには次のような危険性がある。

a)　ベルトの継目の金具に作業服等が引っかかり，ベルトに巻き込まれる。

b)　ベルトが切れて飛来する。

c)　ベルトとプーリーとの接触開始点で，その回転方向に巻き込まれる。

d)　ギヤのかみ合い部分に引き込まれる。

なお，通路または作業箇所の上にある平ベルトの下方には，ベルトが切断した場合に飛び出さない程度の大きさで，丈夫な構造の受け囲いを設ける必要がある。

チェックポイント

①　ベルト，ロープ，チェーン，プーリー，ギヤ等の覆い，囲いにはガタツキや破損がないか。

②　ベルト等の裏側のカバーは外されていないか。

設備導入時等のチェックポイント

①　平ベルトが幅 15 cm 以上，軸間距離 3 m 以上，速度 10 m/s 以上の場合は，受け囲いを設けてあるか。

②　受け囲いは両端ともベルトの端から 15 cm 以上長くしてあるか。

③　受け囲いの幅はベルトの幅の 1.25 倍以上あるか。

Ⅱ 安全点検のポイント

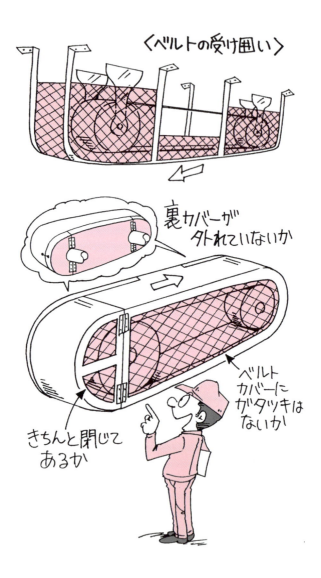

第1章　機械設備

（4）　動力遮断装置

動力遮断装置には，次のような危険性がある。

a)　間違った操作をして，他の者が被災する。

b)　遮断されているスイッチ，クラッチ等を不用意に起動側にして他の者が被災する。

チェックポイント

①　起動装置に用いるスイッチの誤操作防止用の表示（起動・停止の方向，用途および取扱者等）は，汚損がなく，視認できるか。

②　機械の運転を開始する際の合図を関係者が正しく認識しているか。

設備導入時等のチェックポイント

①　スイッチ，クラッチ等の動力遮断装置が，原則として，機械ごとに設けてあるか。

②　切断，引抜き等の加工をする機械には，作業者がその作業位置を離れることなく操作できる位置に動力遮断装置が設けてあるか。

③　押しボタン操作方式のスイッチは，不意の接触によって起動するおそれのない位置に設置してあるか。または意識的にしか起動できない構造になっているか。

④　クラッチ等は，不意の接触または振動により起動するおそれのない構造のものとなっているか。

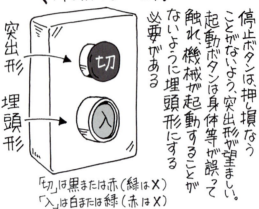

〈押しボタンの形〉

突出形
埋頭形

停止ボタンは押し損なうことがないよう、突出形が望ましい。起動ボタンは身体等が誤って触れ、機械が起動することがないように埋頭形にする必要がある

「切」は黒または赤（緑は✕）
「入」は白または緑（赤は✕）

■参考4　運転開始の合図の要点

① 一定の合図を定める。
② 合図を行う者を指名する。
③ 関係作業者に合図を励行させる。

2 各種機械

○ 機械設備全般において、ストローク端による危険を防止するための措置（覆い、囲い、柵、光線式・マット式安全装置の設置等）は正しく機能しているか。

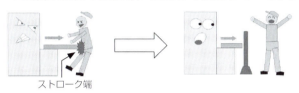

ストローク端

(1) 研削盤

a 研削盤 チェックポイント

① フランジは正しく取り付けてあるか。
② 卓上（床上）用グラインダーに備え付けのワークレストは、研削といしの周面とのすき間を 3 mm 以下に調整してあるか。
③ 覆いの上部開口端の調整片が外されていないか。
④ 調整片と研削といし周面とのすき間を 10 mm 以下にしてあるか。
⑤ 防じん用のシールドは、適正位置で緩みなく固定できるか。
⑥ 保護めがねを使用させているか。
⑦ 研削盤、研削といしおよび覆いに表示された「使用できる研削といしの直径、厚さ及び穴径」「研削といしの回転方向」等の事項は読み取れるか。

⑧ 研削といしは，使用開始前に1分間以上，研削といしを取り替えた場合には3分間以上の試運転をしているか（研削といしの取替えおよび試運転は，特別教育の修了者が行っているか）。
⑨ 側面の使用が禁止されている一般の研削といしを使って側面を使った研削をしていないか。
⑩ 研削といしの真正面に立って研削作業をしていないか。

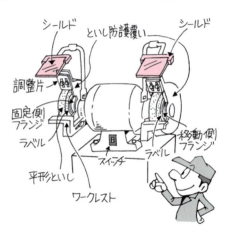

ストレートフランジの正しい取付け例

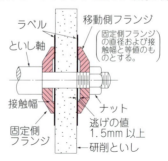

■参考 5　研削といしの覆い

導入時に，次の事項を確認すること。
① 覆いの構造は研削盤等構造規格に適合しているか。
② 圧延鋼板製であるか。
③ 鋳鉄，可鍛鋳鉄または鋳鋼を使っている場合，その構造は最高使用周速度に応じて適正であるか。
④ 防護箇所および研削に必要な部分の角度は，研削盤の

といしの保護覆い

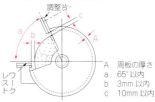

A　周板の厚さ
a　65°以内
b　3mm 以内
c　10mm 以内

保護覆いの開口部寸法

Ⅱ　安全点検のポイント

　　種類に応じて適正であるか。
⑤　厚さは，研削といしの最高使用周速度，厚さおよび直径に応じて適正であるか。

研削といしの覆いの厚さ（圧延鋼板製）

研削といしの最高使用周速度（単位　メートル毎秒）	研削といしの厚さ（単位　ミリメートル）	研削といしの直径（単位　ミリメートル）							
		150以下		150をこえ305以下		305をこえ405以下		405をこえ510以下	
		A	B	A	B	A	B	A	B
33以下	50以下	1.6	1.6	2.3	1.9	3.1	2.3	3.9	3.1
	50をこえ 100以下	1.9	1.6	2.3	1.9	3.1	2.3	4.5	3.9
	100をこえ 150以下	2.3	1.6	3.1	2.7	3.9	3.1	6.3	3.9
	150をこえ 205以下	—		3.9	3.5	5.5	4.5	6.3	4.5
	205をこえ 305以下	—		4.5	4.3	5.5	4.5	6.3	4.5
	305をこえ 405以下	—		—		7.0	6.3	7.9	6.3
	405をこえ 510以下	—		—		—		8.7	7.0
33を超え50以下	50以下	2.2	1.6	4.2	3.4	4.5	3.8	5.5	4.4
	50をこえ 100以下	2.4	1.6	4.4	3.8	5.4	4.2	6.6	5.5
	100をこえ 150以下	3.2	1.6	5.8	4.9	6.3	5.4	8.3	6.0
	150をこえ 205以下	—		7.0	5.6	8.8	7.0	9.4	7.0
	205をこえ 305以下	—		8.0	6.9	9.3	7.7	9.9	7.7
	305をこえ 405以下	—		—		10.5	9.4	12.0	9.9
	405をこえ 510以下	—		—		—		13.0	11.0
50を超え80以下	50以下	3.1	1.6	7.9	6.3	7.9	6.3	7.9	6.3
	50をこえ 100以下	3.1	1.6	9.5	7.9	9.5	7.9	9.5	7.9
	100をこえ 150以下	4.7	1.6	11.0	9.0	11.0	9.5	11.0	9.5
	150をこえ 205以下	—		12.7	9.5	14.0	11.0	14.0	11.0
	205をこえ 305以下	—		14.0	11.0	15.8	12.7	15.8	12.7
	305をこえ 405以下	—		—		15.8	14.0	19.0	15.8
	405をこえ 510以下	—		—		—		20.0	17.4

備考　この表において，Ａは覆いの周板の厚さを，Ｂは覆いの側板の厚さを表すものとする。

（注）　この表は，研削盤等構造規格第22条の表から抜すいしたもの。

第 1 章 機械設備

b 研削といし チェックポイント

① 取り付けてあるといしの最高使用周速度は,研削盤の無負荷回転速度に適合しているか(表示によって確かめること)。
② 研削といしが研削盤に表示されている「使用できる研削といしの直径,厚さおよび穴径」に適合しているか。

(2) 木材加工用機械

木材加工用機械には,次のような危険性がある。

a) のこ歯等の切削工具で,手,指等を切傷・切断する。
b) 加工中の木材または木片が反ぱつまたは逆走して,身体に飛来し激突する。

Ⅱ　安全点検のポイント

a　木材加工用丸のこ盤　**チェックポイント**

① 　丸のこ盤に付属の割刃，反ぱつ防止爪等を正しく取り付けて使用しているか。

② 　接触予防装置を外したままで使用していないか。

設備導入時等のチェックポイント

イ　割　刃

① 　標準テーブル位置上において，丸のこのさか歯の部分の3分の2以上を覆っているか。

② 　のこ歯とのすき間は，12 mm 以内であるか。

③ 　厚さは丸のこの厚さの1.1倍以上で，かつ，丸のこのあさり幅の80% 程度であるか。

④ 　丸のこの直径が610 mm を超える場合は，懸垂式のものを使用しているか。

ロ　反ぱつ防止爪および反ぱつ防止ロール

① 　鋳鉄製の反ぱつ防止爪を使用していないか。

② 　直径が405 mm を超える丸のこ盤では，自動送り装置付きのものにだけ，反ぱつ防止爪または反ぱつ防止ロールを使用しているか。

③ 　リッパーのように自動送り装置を有する丸のこ盤には，加工材の厚さに応じた機能および強度のあるものを設けているか。

④ 　防止爪の列数，角度および長さは適正か。

ハ　接触予防装置

① 　規格に適合しているか。

② 加工材の大きさにかかわらず、切断に必要でない歯の部分を覆うよう調節できる方式になっているか。
③ 固定式接触予防装置は、次のような構造であるか。
   1) 丸のこの歯のうち、割刃に対面している部分および加工材の上面から 8 mm までの部分以外を覆うことができること。
   2) 下端をテーブル面から 25 mm を超える高さに調節して使用できないこと。

   (可動式の接触予防装置については、型式検定に合格したものでなければ使用できない。)

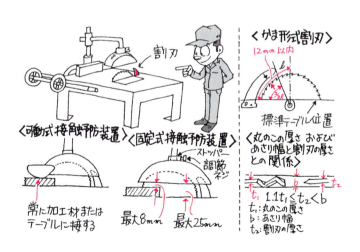

Ⅱ　安全点検のポイント

災害事例　1

丸のこ盤で加工中，加工材が反ぱつして飛来し激突

　テーブル丸のこ盤を使用して，長さ 1,560 mm，幅 140 mm，厚さ 15 mm のラワン材を縦びきしていたとき，ラワン材が反ぱつし，被災者に激突した。
（対策）
① 　加工材の反ぱつ飛来を防ぐため，丸のこ盤には反ぱつ防止装置を必ず取り付けてから使用する。
② 　丸のこ盤を使用するときは，接触予防装置をはじめとする各種安全化措置を施した上，各部の安全点検を行い，不備があれば直ちに改善する。

第1章　機械設備

b　木材加工用帯のこ盤　**チェックポイント**

① 上下両輪，切断部以外の歯部の覆いは正しく取り付けられているか。

② 切断部以外の歯部の覆いは，切断に必要な高さに応じてスムーズに調節できるか。

③ セリを下げても，覆いの上部が露出しないようになっているか。

④ 自動送材車式の帯のこ盤では，送材車と歯の間に作業者が立ち入らないよう，立入禁止区域が設けてあるか。

⑤ スパイク付き送りローラーまたはのこ歯形送りローラーの接触予防装置または覆い（送り側を除く）は正しく取り付けてあるか。

⑥ 急停止装置が設けられている送りローラーは，4分の1回転以内で急停止するか。

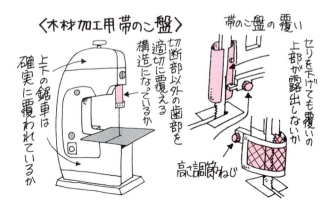

Ⅱ 安全点検のポイント

c 手押しかんな盤 **チェックポイント**

① 刃の接触予防装置は正しく取り付けてあるか。

② 固定式接触予防装置は，多数の加工材の切削幅を一定にして切削する場合等以外に使用していないか。

d 面取り盤 **チェックポイント**

① 刃の接触予防装置は正しく取り付けてあるか。

② 接触予防装置は，加工材の大きさにかかわらず，切削に必要でない部分を覆うように調節できるか。

③ 面取り盤，ルーター，ほぞ取り盤，木工用ボール盤等で，接触予防装置の取付けが作業の性質上困難な場合は，ジグまたは押さえ道具を使用しているか。

設備導入時等のチェックポイント

① 接触予防装置は構造規格に適合しているか。

面取り盤の接触予防装置

接触予防装置

第 1 章　機械設備

（3）　食品加工用機械

　食品加工用機械による労働災害は，製造業でも多く発生し，身体に障害が残るものが 4 分の 1 近くを占めている。

　a　食品加工用機械共通事項　**チェックポイント**

　①　以下の部分の覆い，囲い等の安全装置類は正しく機能するか。なお，「覆い，囲い」には，固定ガードや可動式ガードが含まれ，「覆い，囲い等」の「等」には光線式安全装置が含まれる。

　　・切断機または切削機の刃で，切断に必要な部分以外

　　・粉砕機または混合機の開口部（転落のおそれがあるとき，または，開口部から身体の一部または全部が入って可動部分へ接触するおそれがあるとき）

　　・ロール機，成形機または圧縮機の可動部分

　b　切断機・切削機　**チェックポイント**

　①　原材料の送給，取り出しを自動的に行う機械か。

　②　手作業で原材料の送給，製品の取出しを行うときは，機械の運転を停止し，または用具を使用しているか。

　③　用具等の使用を命じられたとき，作業者は必ずこれらを使用しているか。

　c　粉砕機・混合機　**チェックポイント**

　①　安全帯等の使用を命じられたとき，作業者は必ずこれらを使用しているか。

　②　原材料の送給，取出しを自動的に行う機械か。

　③　手作業で原材料の送給，製品の取出しを行うときは，

機械の運転を停止し，または用具を使用しているか。

④　用具等の使用を命じられたとき，作業者は必ずこれらを使用しているか。

d　ロール機　**チェックポイント**

①　可動部は，aの①に示した状態が確実であるか。

②　急停止装置は正しく機能するか。

e　成形機・圧縮機　**チェックポイント**

①　可動部は，aの①に示した状態が確実であるか。

f　安全装置　**チェックポイント**

①　可動式ガードは，開放してから危険な可動部が停止するまでに手等が危険部に届かない安全距離を確保しているか。

②　光線式安全装置は，光軸を遮光してから機械が完全に止まるまでに手等が危険部に届かない安全距離を確保しているか。

③　両手操作式制御装置は，操作部から身体が危険部に届かない安全距離を確保しているか。

第 1 章 機械設備

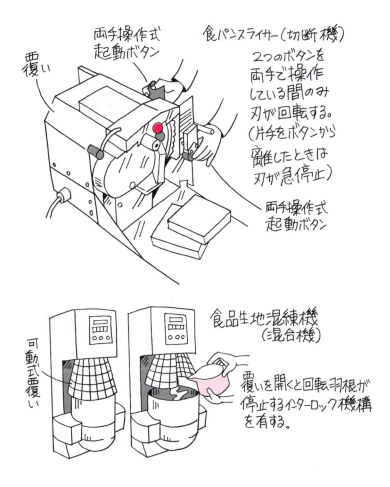

Ⅱ　安全点検のポイント

（4）　動力プレス

　プレス機械では，スライドの下降中に材料の位置ずれを直そうとするなど，金型間に手指を挿入し，その金型により手指をはさまれて負傷するケースが多く，ほとんどが切断，挫滅等の重い障害を残すことになる。

　a　動力プレス　**チェックポイント**

　イ　安全囲い

①　安全囲いの取付け状態は正常で，外側から危険部に身体が届かないか。

②　金網の破れ，網目の拡大等で身体が危険部に届くことはないか。

　ロ　安全型

①　上死点における上型と下型とのすき間およびガイドポストとブッシュとのすき間が6mm以下に維持されているか。

②　ストリッパーを用いている場合には，上死点における上型および下型とストリッパーとのすき間が6mm以下に調整してあるか。

③　その他，「動力プレス機械に対する安全措置」（参考6参照）に適合して講じている措置は，それらが適切に機能しているか。

注：「動力プレス機械に対する安全措置」中，「専用プレス」とは，特定の用途に限り使用でき，かつ，身体の一部が危険限界に入らない構造の動力プレスのこと。

第1章 機械設備

> 「自動プレス」(自動的に材料の送給・加工および製品等の排出を行う構造のプレス)を使用し、当該プレスが加工等を行う際には、プレス作業者等を危険限界内に立ち入らせない等の措置が講じられていること。
> 「安全プレス」は、型式検定に合格し、その旨の表示がしてあるものでなければ、使用できない。

設備導入時等のチェックポイント

① スライドの作動中、危険部に手指等が入らないような措置を講じているか。このために、「ノーハンド・イン・ダイ」等の措置を講じているか。
② 多品種少量生産の場合、形状の複雑な材料を加工する場合等のように、高度の安全化が困難なときは、次善の策として、型式検定に合格した安全装置の取付け等の措置を講じているか。

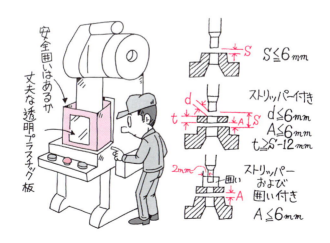

39

■参考6 動力プレス機械に対する安全措置

ノーハンド・イン・ダイ			ハンド・イン・ダイ	
危険限界に手を入れられない方式としても入れられないよう	1 安全囲いを取り付けたプレス 2 安全型を取り付けたプレス 3 専用プレス	安衛則第一三一条第一項本文に適合するプレス	1 安全プレス 〔インターロックガード式〕 (1) スライドの作業中に身体の一部が危険限界に入るおそれが生じないもの 〔両手操作式〕 (2) スライドを作動させるための操作部から離れた手が危険限界に達するまでの間にスライドの作動を停止することができるもの 〔光線式〕〔PSDI式〕 (3) スライドの作動中に身体の一部が危険限界に接近したときにスライドの作動を停止することができるもの	安衛則第一三一条第一項ただし書きに適合するプレス
危険限界に手を入れる必要がないが、入れようとすれば入れられる方式	4 自動プレス (1) 自動送給排出機構を有するもの (2) 自動送給排出装置を取り付けたもの(スライドの作動、電源等とインターロックされていること)			
5 手工具 (1) 専用の手工具を両手で使用する (2) 専用の手工具を片手で使用する場合は、他方の手に対して囲い等を設ける		安衛則第一三一条第二項の措置	2 安全装置 (1) インターロックガード式 (2) 両手操作式 (3) 光線式 (4) PSDI式 (5) プレスブレーキ用レーザー式 (6) 手引き式	安衛則第一三一条第二項の措置
切替えスイッチによる〔行程／操作／操作ステーション／安全装置〕の切替えの措置				安衛則第一三一条第三項の措置

PSDI ＝制御機能付き光線式安全装置

第 1 章　機械設備

b　安全装置の使用　**チェックポイント**

① 　プレスの機種，作業内容等により，最も効果的なものを選定し，それは正しく機能しているか。

② 　2種類以上の安全装置を併用し，それらは共に正常に機能するか。

イ　両手操作式安全装置

① 　一行程一停止機構は正しく機能するか。

② 　設置位置と危険部までの距離は，プレスの停止性能に応じた安全距離となっているか。

③ 　両手で同時に操作しなければ作動しないようになっているか（左右ボタンの同時性は0.5秒以内か（平成23年構造規格対応プレスの場合））。

　設備導入時等のチェックポイント

① 　片手だけでは操作できないよう，2つの押しボタン間の内寸法を30 cm以上離しているか（両手によらない操作を防止する措置が講じられている場合は，20 cm以上でよい。）。

ロ　光線式安全装置

① 　急停止ができない構造のプレス（スライディングピンクラッチ付きのプレスおよびローリングキークラッチ付きのプレス）に使用していないか。

② 　プレスの停止性能に応じた安全距離が確保されているか。

41

II 安全点検のポイント

■参考 7　防護範囲の決め方と連続遮光幅（光線式安全装置）

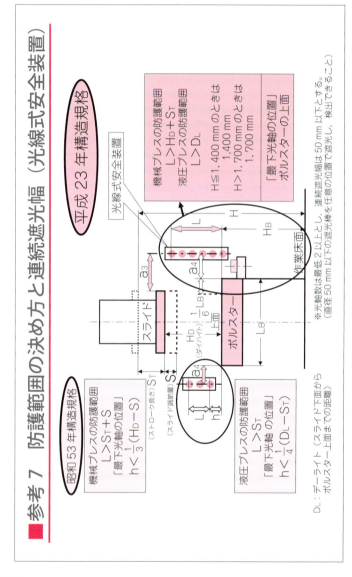

第 1 章　機械設備

③　取付け基準に適合し，防護範囲は確保しているか。

④　プレスの側面，上面等身体が危険部に届くおそれの
ある箇所に安全囲いを併用しているか。

c　切替えスイッチ

設備導入時等のチェックポイント

①　切替えスイッチをどこに切り替えても，それぞれの
切替え位置において「ノーハンド・イン・ダイ」とな
る等の安全化措置，または安全装置の取付け等の次善
措置が講じてあるか。

②　連続行程に切り替えたときに，誤操作によって意図
に反したスライドの作動を防止できるようになってい
るか（平成23年構造規格対応プレスの場合）。

例：操作ボタンを一定時間押さないと連続行程が始動
しない等

「切替え」とは，次のような場合のこと。
a)　連続行程，一行程，安全一行程，寸動行程等の行程の
切替えを行う場合
b)　両手操作と片手操作，両手操作とフートスイッチま
たはフートペダル操作等との切替えを行う場合
c)　操作ステーションの単数と複数の切替えを行う場合
d)　安全装置の作動のON，OFFの切替えを行う場合

43

d　金型の変更が頻繁なプレス

設備導入時等のチェックポイント

① 各金型に共通な安全措置が講じられているか。
② それぞれの金型に応じた安全囲いまたは安全装置があらかじめ準備されているか。

e　共同作業時

設備導入時等のチェックポイント

① 共同作業者全員が操作しなければ起動しない装置が取り付けてあるか。
② 2人作業では、2個（4人作業の場合は4個）の押しボタンを直列に接続し、すべての押しボタンが同時に押されたときのみプレスが作動する機構になっているか。

第 1 章 機械設備

③ 1人作業,2人作業,連続作業等の作業区分による切替えにおいて,個々の作業者がみだりにキースイッチの切替え操作ができないようになっているか。

(③の対策としては,キースイッチの取付け位置の選定,スイッチのロック,キーの厳重な保管等の方法がある。)

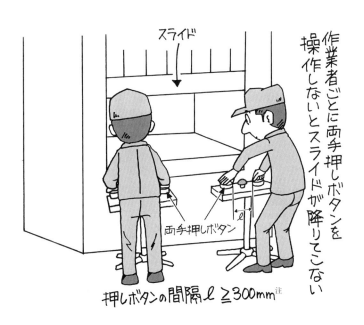

f 使用管理面 チェックポイント

① 作業開始前の点検は法定どおり実施しているか。
② 特定自主検査は法定どおり実施しているか。
③ 検査済標章を貼付し,記録を3年間保存しているか。
④ 検査または点検で異常を認めたときは,直ちに補修等の措置を講じているか。
⑤ 機械の清掃,調整および金型交換の際には,動力を停止し,かつ,安全ブロック等を確実に使用しているか。
⑥ 作業主任者は切替えキーの保管を厳正に行っているか。
⑦ 安全装置を取り外すときは,責任者の許可を受けているか。

第1章 機械設備

g その他の安全対策 　チェックポイント

① 専用の手工具を片手に持って作業するときに手工具を持たないほうの手（遊び手）を防護するための囲い，遮へい板等は，外れたり破損していたりしていないか。
② スクラップ等の取出しの際に，バリ等で負傷する危険性はないか。
③ 手引き式安全装置のワイヤーロープがたるむ等で，手引き量が不十分になっていないか。
④ フートスイッチのペダルカバーが外れたり破損したりしていないか。

設備導入時等のチェックポイント

① 両手操作式押しボタンは埋頭型等，接触しただけでONにならないものになっているか。

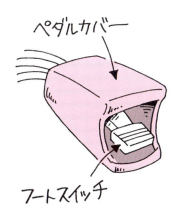

Ⅱ 安全点検のポイント

災害事例 2

動力プレスで加工中，指をはさまれ

　30 kN のクランクプレスで加工中，左手で材料を型に押し付け，右手で片手押しボタンを押してプレスを起動させたとき，材料および指に油が付着していたので指が滑って型の下に入り，左示指先端を骨折した。
（対策）
① 両手押しボタン操作で作業する。
② トグルクランプを使うなどして，材料を型に固定する（加工のバラツキがなくなり，不良品の発生を防ぐ効果もある）。
③ 材料が位置ずれしたときは直接手を出さず，用具等を使って直す。

第 1 章　機械設備

(5)　シャー

　シャーによる災害は，下降した刃によって手，指を切断するケースや，板押さえとベッドの間に手，指をはさまれるケースがあり，後遺障害を伴う場合が多い。

　a　シャー（紙断裁機を除く）　**チェックポイント**

① 　刃の前面の，手指が危険部に届かないためのガードは外れたり，緩んだりしていないか。

② 　レーザー式等の安全装置を取り付けてある場合，正しく機能するか。

③ 　板押さえのすき間 6 mm 以下は確保されているか。すき間がこれを超える場合は，カバーの設置等を行っているか。

④ 　両手操作式安全装置を使用する場合，操作部の設置位置はシャーの停止機能に応じた安全距離を確保しているか。

⑤ 　作業開始前の点検は法定どおり実施しているか。

⑥ 　定期自主検査は法定どおり実施しているか。

⑦ 　検査または点検で異常を認めたときは，直ちに補修等の措置を講じているか。

Ⅱ　安全点検のポイント

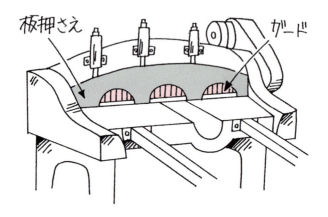

b　紙断裁機　**チェックポイント**

① 作業開始前の点検は法定どおり実施しているか。
② 定期自主検査は法定どおり実施しているか。
③ 検査または点検で異常を認めたときは，直ちに補修等の措置を講じているか。

設備導入時等のチェックポイント

① 型式検定に合格した両手操作式安全装置または光線式安全装置（銘板が貼付してあるか）が装着してあるか。
② 安全装置は，急停止時間に応じた安全距離を確保してあるか。
③ 紙押さえに手または指をはさまれないような措置が講じてあるか。

第1章　機械設備

(6) 射出成形機等

射出成形機，鋳型造型機，型打ち機等の加圧機械から加工品を取り出し，あるいは離型剤を塗布する際等に，身体の一部がはさまれるおそれがある。

設備導入時等のチェックポイント

① 機械の危険部分に起動装置とインターロックした扉を設けて，扉を閉じなければ機械が作動しないような措置を講じているか。あるいは，機械の作動は両手操作式にしてあるか。
② インターロックのための扉開閉確認スイッチは，誤作動や故障が少なく不正操作をしにくいタイプか。
③ ①，②の措置が講じられていない場合は，可動ガード式安全装置または光線式安全装置が設けてあるか。

※日常点検では，これらの安全機能が正しく機能するかを確認する。

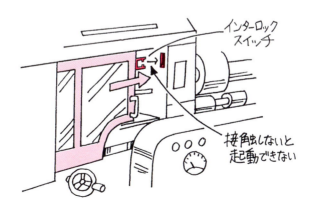

51

Ⅱ 安全点検のポイント

(7) ロール機

a ゴム練りロール機等　**チェックポイント**

① 急停止装置が設けてあり，確実に作動するか。
② 急停止装置のスイッチは，作業者が手だけでなく，腹部，ひざ等で押しても直ちに作動するか。
③ 起動スイッチは，接触しただけで ON にならないか。

b 紙，布，金属箔等を通すロール機　**チェックポイント**

① はさまれる危険性のある部分の囲い，ガイドロール，じゃま板，急停止装置等は適切に取り付けられ，あるいは確実に作動するか。

> 注：安全装置の例としては，かみ込み点に手が入らないが，材料だけが入るような固定式カバーまたはロール機全体をカバーで覆い，それを開けると電源が切れるような緊錠式にするもの等がある。

〈ロール機のガイドロール〉
ガイドロール

第1章　機械設備

（8）　自動機・産業用ロボット

自動機・産業用ロボットには，次のような危険性がある。

a)　誤作動により，作業者が巻き込まれ，はさまれる。

b)　マニプレータ等の作動領域に入って激突される。

c)　落下した素材等を拾おうとして，作動領域に入って激突される，はさまれる。

チェックポイント

①　機械や装置の上に工具等を放置していないか。

②　手工具は使用しやすい場所に備え付けているか。

③　安全柵の出入り口扉を開くと機械の運転が直ちに停止するか。

設備導入時等のチェックポイント

①　大型自動機械の操作盤には，操作する機械の範囲が明示されているか。

②　危険部分の接触防止に有効な安全柵が設けてあるか。

③　自動運転の場合，必要箇所にその旨の表示があるか。

④　大型設備には警報装置等が設置してあるか。

⑤　非常停止装置は，作業位置から直ちに（ワンアクションで）操作できるようになっているか。

⑥　非常停止装置は，操作ステーションごとに必要数が設置してあるか。

⑦　油・空圧を使用している場合には，非常停止時に圧抜きができる構造になっているか。

Ⅱ 安全点検のポイント

第1章　機械設備

3　工作機械

（1）　工作機械共通　チェックポイント

① 　加工物等の飛散から，または切粉の飛来から作業者を防護するための覆いまたは囲いは正しく取り付けられているか。

② 　作業者はサイドガード付き（横から異物が侵入しない）保護めがねを着用しているか。

③ 　機械または刃部の掃除，給油，検査，修理または調整の作業を行う場合には，機械の運転を停止しているか。

④ 　機械の運転を停止したときは，起動装置に施錠し，またはスイッチ投入禁止の表示板を掲げているか。

⑤ 　加工物の取付け方法・締付け力は適正か。

⑥ 　重量物の取付けは，人力のみに頼らずクレーン等を使用しているか。

⑦ 　プレーナーのテーブル，シェーパーのラム等のストローク端の覆い，囲い，柵等は正しく取り付けられているか。

⑧ 　機械の上に，工具，材料，製品等を載せていないか。

⑨ 　材料，製品等の置き場所，置き方はよいか。

⑩ 　切粉の除去には，ブラシ，カキ棒等を使っているか。

⑪ 　長い切粉は早めにかきとっているか。

⑫ 　切粉，油等が作業床に散乱したり，こぼれたりして

55

Ⅱ 安全点検のポイント

いないか。
⑬ 頭髪や被服が巻き込まれないように，作業者に適切な作業帽，作業服を着用させているか。
⑭ ボール盤，面取り盤等の回転する機械の作業では，手袋の使用を禁止しているか。また，手袋を使用して機械作業をしていないか。

(2) 旋　盤　チェックポイント

① 作業者が接触するおそれのある歯車，回転部，ベルト等の防護措置に脱落，緩み等はないか。
② 切粉用の覆い，囲い，衝立て等が所定の位置にあり，飛散防止および捕集機能が損なわれていないか。
③ チャックまたは面板に覆いまたは囲いが設けられている場合には，これを適正に使っているか。
④ 加工物の着脱をし，または寸法を測る場合には，刃物台を加工物から十分離しているか。
⑤ 心押し台を使わないときは，心押し台を外すかまたはベッドの端に寄せてあるか。
⑥ チャック，面板，回し金（ケレ），刃物台に，スパナ，チャックハンドル，ボックスレンチ等を付けたまま放置していないか。
⑦ 照明の明るさや照射位置は適切か。

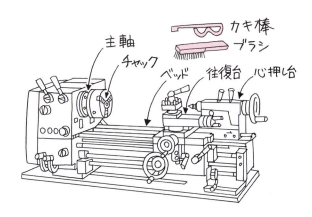

Ⅱ 安全点検のポイント

災害事例　3

タレット旋盤に巻き込まれ

　ベベルギヤの端面加工をしていた被災者が，バイトを交換しようとして，ツールホルダーをハンマーでたたいて緩めていたとき，機械が突然回転を始め，左袖口が回り止め棒に巻き込まれ，その反動で頭部が激突した。
（対策）
① スピンドル，ワーク等の回転部分には，巻き込まれを防ぐための防護カバーを設ける。
② バイトの交換は電源を OFF にしてから行う。
③ クロス送りレバーをロックする。

(3) ボール盤 チェックポイント

① 作業者が接触するおそれのある歯車，回転部，ベルト等の防護措置に脱落，緩み等はないか。
② 回転部にセットスクリュー等が突出していないか。
③ ドリル，リーマー，タップ等の切削点以外の部分の覆いに脱落，破損等はないか。
④ 加工物（ワーク）の固定は適正か。
⑤ ラジアルボール盤で，アームが旋回によって付近の作業者に接触するおそれのある場合の，ストッパー等の危害防止措置は緩んだり外れたりしていないか。
⑥ チャックハンドルを，チャックに付けたままにしていないか。
⑦ 交換用ドリルは，刃部に手指が直接触れないよう，ふた付きの保管箱に納めてあるか。
⑧ 照明の明るさや照射位置は適正か。
⑨ 手袋の使用を禁止しているか。手袋をして作業する人はいないか。

(4) フライス盤　チェックポイント

① 作業者が接触するおそれのある歯車，回転部，ベルト等の防護措置に脱落，緩み等はないか。

② カッターまたはテーブルに設けた覆いは，その機能を果たしているか。

③ 起動用レバー，ハンドル等の作動は確実か。

④ フライスカッターの締付けは十分か。

⑤ 加工物は加工中に動かないように取り付けてあるか。

⑥ カッターの切削点以外の部分に覆いが設けられている場合には，これを適正に使っているか。

⑦ 照明の明るさや照射位置は適正か。

⑧ 手袋の使用を禁止しているか。手袋をして作業する人はいないか。

第 2 章
電 気 設 備

1 低圧配線

(1) 分電盤 チェックポイント

① 常時施錠されているか。鍵の保管場所および保管方法は適切か。
② 開閉器の露出充電部に絶縁カバーが取り付けてあるか。
③ 漏電遮断器は正しく作動するか（月1回以上テストボタンで確認する）。
④ スイッチの締付け部分に緩みはないか。
⑤ 盤内は清掃されているか。
⑥ アース線に損傷または取付け部の緩みや断線はないか。
⑦ 盤内に工具や不必要な図面類が放置されていないか。
⑧ 周辺に扉開閉の妨げになるものを置いていないか。
⑨ 扉を開いた状態で脇を通行するスペースが確保されているか。
⑩ 給電先の名称，取扱責任者氏名が表示してあるか。
⑪ 内部照明は点灯し，作業に必要十分な明るさか。

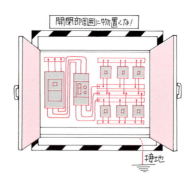

(2) 遮断器 チェックポイント

① 機器本体に損傷はないか。
② スイッチレバーに破損，亀裂はないか。
③ 締付けの緩みはないか。
④ 配線接続部に緩みはないか。
⑤ 電極端子の絶縁カバーは付いているか。
⑥ 挿入線被覆の経年劣化で，充電部が露出していないか。
⑦ ナイフスイッチの場合，各部の破損やゆがみはないか。
⑧ ナイフスイッチの場合，スリットにホコリ・ゴミがたまっていないか。

〈安全なブレーカー端子例〉
ネジ頭に指先が届かない構造（ひっこんでいる）

（3）点滅器，押しボタンスイッチ等　チェックポイント

① ボタン等の各部に損傷はないか。
② 電線のネジ止め端子部に緩みはないか。
③ 押しボタンの操作はスムーズか。
④ 過熱していないか。
⑤ 挿入線被覆の経年劣化で，充電部が露出していないか。
⑥ 電線のネジ止め端子部（充電部）が露出していないか。
⑦ 用途等の表示類が汚れやはがれで読めなくなっていないか。
⑧ 非常停止ボタンに枠をはめたり，カバーをしたりしていないか。
⑨ 押しボタンの色が退色，変色していないか。

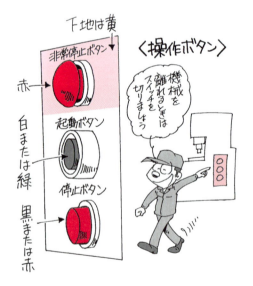

（4） コンセント チェックポイント

① 挿入口の損傷およびほこりや切粉等の付着はないか。
② 過熱していないか。
③ コンセントプレートに破損，ガタ，外れはないか。
④ 差込プラグが抜けやすくなっていないか。また，コンセントとの間にほこりはたまっていないか。

Ⅱ 安全点検のポイント

（5） 配線ケーブル（床または作業台への配線）

チェックポイント

① 使用しているビニル外装ケーブル等の被覆に損傷はないか。
② ケーブルは要所を止め金，結束バンド等で床や壁面等に固定してあるか。
③ ケーブルに極端な折れ曲がり，ねじれはないか。
④ ケーブルの心線（銅の素線）が露出していないか。
⑤ プラグにケーブル外被が正しく固定されているか。
⑥ 通路側にはみ出しているものはないか。

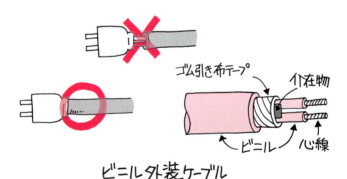

（6）移動電線　チェックポイント

① コードの被覆が傷んで，充電部（心線）が露出していないか。
② コンセント差込プラグの締付部分に緩みはないか。
③ 湿った場所では，キャブタイヤケーブルを使っているか。
④ コードドラムの巻枠やコンセントは破損していないか。
⑤ 通路上のコードをカバーで保護しているか。
⑥ コードをドラムに巻いたまま長時間，重負荷（定格負荷の100％近く）で使用していないか。
⑦ 平形ビニルコードを使っていないか。

Ⅱ　安全点検のポイント

（7）　手持型電灯　チェックポイント

① 電球のガードに変形や破損箇所はないか。
② ソケットに割れ（亀裂）や欠損がないか。
③ 配線に損傷はないか。また，充電部が露出していないか。
④ 爆発性雰囲気中の作業では，防爆型の電灯を使用しているか。

> 注：置いてある素材や機械の各部がガードのすきま（格子の目）から電球に届かないことを確認。

2 電気機械器具

(1) 電動機　チェックポイント

① 過熱，異臭等はないか。
② 異常な（いつもと違う）うなり，振動はないか。
③ 電動機の取付け部分に緩みはないか。
④ 電線接続部分に緩みはないか。
⑤ 切粉，油，泥等の付着物はないか。
⑥ アース線に腐食，損傷，断線等はないか。

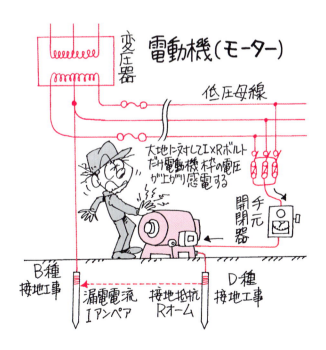

（2） 電動工具類　チェックポイント

① 過熱，異臭，異常なうなり等はないか。
② 電線等の締付け部分に緩みはないか。
③ 手元スイッチの作動は正常か。
④ コードの接続部に損傷はないか。
⑤ 差込プラグの差込片の曲りやゆがみはないか。
⑥ 接地極のあるコンセントに差し込んで使っているか。
⑦ 次の場合には，電源回路に「漏電遮断器」が接続されているか。
　(イ)　対地電圧150ボルトを超える手持型電動工具（電気ドリル等）を使用するとき
　(ロ)　手持型電動工具を導電性のよい場所（水等で湿った場所，定盤上等）で使用するとき
⑧ 「漏電遮断器」の取付けが困難な場合，工具の金属製外枠を接地するとともに，二重絶縁構造のものを使用しているか。

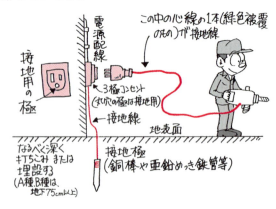

■参考 8　接地の方法

「接地する」とは，銅板，銅棒，亜鉛めっきを施した鉄管または鉄棒等（接地極という）に，銅線やアルミ線をろう付け等によって接続し，地中に深く埋め込み，または打ち込んで，電線を延長して，接地目的物に接続する（接地目的物を接地線で大地へつなぐ）ことである。

接地極を埋め込み，または打ち込む場所は，なるべく水分を含み，かつ，酸類など金属が腐食するような成分を含まない場所を選ぶようにする。

接地線は一目で接地線であることが分かる場合のほか，緑と黄の 2 色組合せのビニル被覆を施した直径 1.6 mm 以上の絶縁電線を使用する。可搬形の電動工具など移動して使用する電気機器では，付属するコードまたはキャブタイヤケーブル等の心線のうち，緑色被覆のものを，差込プラグからコンセントの接地用の極を経て接地するようにする。

このように低圧の電気機器に施す接地工事のことを D 種接地工事という。

(「電気ことば辞典　第 9 集」((一財) 関東電気保安協会) より (一部改変))

■参考9　漏電遮断器

　工場等で使用される漏電遮断器のうち,高速高感度型のものは,漏れ電流が5〜30 mAに達すると0.1秒程度の短時間で電路を遮断する(電気を停める)ので感電事故を防止できる。

　一方,使用する電気機器にアースすなわち接地工事(D種接地工事)が施してあれば,漏電部位に人体が接触しても,漏電中の漏れ電流の大部分は接地(アース)線を経て大地へ流れ,人体には一部しか分流しないので感電の危険性は低下する。なぜなら,人体の電気抵抗は500 Ω〜数kΩ(皮膚の乾湿の程度等による)なのに対し,D種の接地抵抗は100 Ω以下なので抵抗の少ない接地線側へ多くの電流が流れるからである。しかし,接地しただけで漏電遮断器を設けていないと,漏れ電流は流れ続けるので人体への悪影響が否めない。

　そこで,電気機器を接地するとともに漏電遮断器を設けておけば,人の接触の有無によらず漏電時には直ちにこれが作動する。たとえ人の接触時に漏電が発生しても,極めて短時間わずかな電流が流れる間に電路が遮断されるので,人体に悪影響を与えずに済むのである。

　なお,電気機器を守るための低感度で遮断速度の遅い機種も存在する。こちらは感電を防止できないので要注意である。

（3） 交流アーク溶接装置

a 溶接棒ホルダー **チェックポイント**

① 絶縁形の溶接棒ホルダー（JIS C9300-11）を使用しているか。

② 溶接棒ホルダーの絶縁物の脱落，割れ，焼損もしくは多量のスパッタの付着がないか。

③ 溶接ケーブルの接続部が緩んでいないか。

④ 溶接電源を ON にしたままで溶接棒ホルダーを床面，作業台上等に放置していないか。

⑤ 作業終了後，溶接棒ホルダーに溶接棒をくわえたままにしていないか。

b 付属配線等　チェックポイント

① 溶接機一次側の配線または移動電線の被覆は絶縁状態を適切に保持しているか。
② 溶接機二次側の移動電線（溶接ケーブル）の被覆は絶縁状態を適切に保持しているか。
③ 溶接機一次側，二次側端子を覆いやテーピング等で絶縁しているか。
④ 溶接ケーブルは，車両（車輪），重量物等の下敷きにならないよう防護措置を講じているか。
⑤ 溶接ケーブルを複数本接続し長く延ばして使用するときは，接続具（ケーブルコネクター）を使って接続しているか。
⑥ 溶接機の二次側帰り線は，被溶接物に確実に接続してあるか。
⑦ 母材の電位上昇を防ぐため，母材または母材を保持するジグや用具を接地しているか。

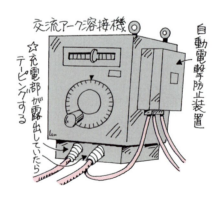

第 2 章 電気設備

c 自動電撃防止装置 チェックポイント

① 次の場所で交流アーク溶接作業を行う場合, 作業者の身体が周囲の導電体に触れやすいときは, 自動電撃防止装置を取り付けるか, または自動電撃防止装置を内蔵している溶接装置を使用しているか。

(イ) ボイラー, 圧力容器, タンク等の内部

(ロ) 鉄骨上, 鉄けた上等高さ2m以上の, 足元が不安定な場所で, 鉄骨等の接地物に接触しやすいところ

(ハ) その他これらに類する場所

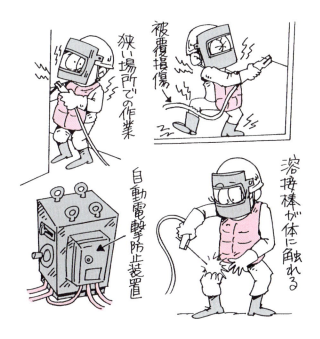

3　静電気

静電気には，次のような危険性がある。

a)　帯電している物体の周辺に可燃性のガス，蒸気または粉じんが存在すると，放電した火花が着火源となって引火し，爆発・火災を起こす。

b)　帯電している物体に人が接触すると，電撃を受けたショック（反動）による墜落等，二次災害の原因となる。

静電気は，湿度の低い冬季に発生しやすいので注意しなければならない。

また，静電気が発生しやすい工程には，次のようなものがある。

a)　ロールによってフィルム，紙，布，シート等を送り出す工程

b)　接着テープ等をはく離する工程

c)　パイプにより液体または粉体を流送する工程

d)　2種類の固体をこすり合わせたり，液体や粉体を混合，攪拌する工程

e)　ノズルから液体または塗料を噴出する工程

チェックポイント

①　機械，ダクト等の各部分ごとの接地線は切れたり外れたりしていないか。

②　パイプどうしの接続部のアースボンドは外れていないか。

③ 絶縁性の高いものには，除電剤を表面に塗布しているか。
④ 湿度を上げても差し支えない工程では，60％以上に加湿しているか。
⑤ 静電気帯電防止作業服，静電気帯電防止靴を着用しているか。

設備導入時等のチェックポイント

① 塗装部等を絶縁された状態（塗料をはがさず）のまま接地していないか。
② プラスチック製のパイプは導電スパイラル入り等の導電性のあるものを使用しているか。

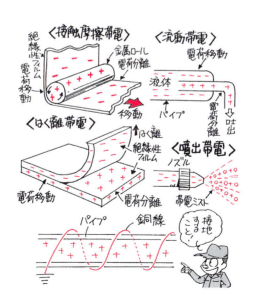

Ⅱ　安全点検のポイント

災害事例　4

グラビア印刷工程で，静電気火災

　グラビア輪転印刷機で印刷中に，約50～60kVに帯電していた印刷用紙から，シリンダー軸受付近に放電し，インクに着火したため，火災（ボヤ）を起こし，用紙の一部を焼失した。
　（対策）
　　①　印刷インクに帯電防止剤を混入する。
　　②　導電性ゴムロール等で除電する。
　　③　除電器または加湿器を設置する。

第 3 章
危 険 物 等

1 火 気

燃焼の3要素

| 可燃性物質 | + | 酸素供給源 | + | 着火源 | → | 燃 焼 |

チェックポイント

① ガス溶接・溶断では，周辺の可燃物を除去してから作業しているか。
② ストーブ，電熱器等は，不燃性のものの上に置いて使っているか。また，周囲に燃えやすいものが置かれていないか。
③ 喫煙その他の火気管理を厳重にしているか。
④ 予想される着火源を確実に把握しているか。

溶接・溶断等については，次のことを考慮すること。
a) 溶接・溶断やグラインダーの火花は，思いがけなく遠方まで飛散して着火源になるので，注意が必要である。
b) 易燃性のものを除去することが困難なときには，不燃シートで覆う。

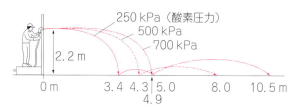

ガス切断火花の飛散状況

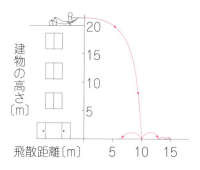

板厚25 mm，酸素圧力　500 kPa
ガス切断火花の高所からの落下飛散例
(「ガス溶接・溶断作業の安全」(中災防)より)

喫煙場所は，可燃物から隔離した安全な場所を選び，白線等で灰皿置場を表示しておく。灰皿は不燃性のもので，水を入れておく。

2 引火性の物質

チェックポイント

① シンナー，塗料等の入っている容器のふたが開け放しになっていないか。
② 作業場所に必要量以上を持ち込んでいないか。
③ 容器等は，不燃性で，密閉構造の保管庫に格納しているか。
④ 容器には内容物の名称や注意事項等のラベル表示がしてあるか。
⑤ 引火性の物を棚に載せて保管するときは，容器の落下および転倒を防止する措置が講じてあるか。
⑥ アルコールやシンナー類を小分けにして使うときに破損しやすい容器（ガラスや磁器等）に入れていないか。

なお，引火性の物質の入った容器を家庭用冷蔵庫に保管すると，低温であってもスパークにより引火爆発する危険があるので，これらは防爆構造の冷蔵庫に保管しなければならない。

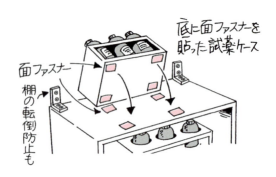

第3章 危険物等

災害事例 5

機械の洗浄中，ガソリンに引火し爆発

　部品製造工場で，ガソリンを金属容器に入れ，ガソリンをつけたウエスで部品表面の油分を拭きとる作業を4名で行っていたとき，ガソリン（推定5リットル）が蒸発して，その濃度が爆発下限界に達した。このガソリン蒸気に湯沸かし器の種火が引火して爆発し，木造2階建て工場が一瞬で火の海になり，8名死亡，2名重軽傷。

（対策）

① ガソリンは洗浄用に使用しない。
② 引火性の蒸気が発生する場所では，火気の使用を禁止する。

Ⅱ　安全点検のポイント

■参考10　主な引火性の物質・可燃性ガス

引火性の物質

① エチルエーテル，ガソリン，アセトアルデヒド，酸化プロピレン，二硫化炭素その他の引火点が零下30℃未満の物

② ノルマルヘキサン，エチレンオキシド，アセトン，ベンゼン，メチルエチルケトンその他の引火点が零下30℃以上0℃未満の物

③ メタノール，エタノール，キシレン，酢酸ノルマルーペンチル（別名酢酸ノルマルーアミル）その他の引火点が0℃以上30℃未満の物

④ 灯油，軽油，テレピン油，イソペンチルアルコール（別名イソアミルアルコール），酢酸その他の引火点が30℃以上65℃未満の物

可燃性のガス

水素，アセチレン，エチレン，メタン，エタン，プロパン，ブタンその他の温度15℃，1気圧において気体である可燃性の物

（労働安全衛生法施行令別表第1より）

3　発火性の物質

チェックポイント

① 金属粉（アルミニウム，マグネシウム），金属カリウム等を水に接触させないように措置しているか。

② マグネシウム粉末の保管場所に直射日光があたることはないか。

なお，アルミニウム粉やマグネシウム粉は水と反応して水素を発生するので，爆発の危険がある。

第3章 危険物等

4 酸化性の物質

チェックポイント

① 酸化性の物質を湿度の高い場所に置いたり，落下させたり，引きずるような乱暴な取扱いをしていないか。

なお，酸化性の物質は，過熱，衝撃，摩擦等によって，分解して酸素を放出しやすいので，可燃物と混合していれば爆発する。

5 可燃性ガス

チェックポイント

① 溶接用アセチレンガス，プロパンガスまたは酸素のホースに，傷，割れまたは劣化はないか。

② ガス配管，ボンベ等に傷，割れ，腐食，錆び等はないか。

③ ガス溶接用の水封式安全器の水位は点検窓の赤線より上にあるか。

④ ガス用ホースの接続部は，ホースバンド等で確実に締め付けてあるか。

⑤ 使用していないガス用配管のコックおよびバルブには，キャップ等で栓をしているか。

⑥ ガス器具，バルブ等は石けん水を使ってガス漏れの有無を点検しているか。

また，酸素用配管の圧力計には，「NO OIL」「USE NO

85

OIL」「禁油」等の表示がされているものを使用すること。さもないと，圧力計をテストしたときに使用した残留油が過剰な酸素によって爆発的に燃焼する危険性がある。

設備導入時等のチェックポイント

① ガス配管等に識別表示がしてあるか。また，配管にはガス等の流れの方向表示がしてあるか。
② 酸素用配管に取り付けてある圧力計は「禁油性」のものを使っているか。
③ プロパンガス等の可燃性ガスを使用する場所にはガス漏れ警報装置または遮断装置を設置しているか。

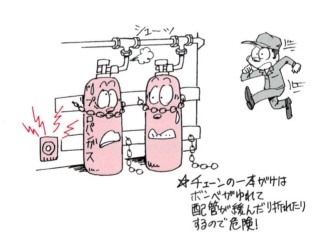

第3章 危険物等

6 油ボロ（ウエス）

油ボロには，次のような危険性がある。

a) 油ボロをふたのない容器に大量に入れておくと，酸化によって発熱し，自然発火する。
b) 油ボロを直射日光の当たる場所に保管しておくと発火する。

したがって，油ボロは不燃性容器に入れて，日陰に保管する必要がある。

チェックポイント

① 油ボロをふたがないまたは可燃性の容器に入れて大量に保管していないか。
② 油ボロの保管場所に直射日光が当たることはないか。

Ⅱ　安全点検のポイント

■参考 11　自然発火の防止方法

★密閉された不燃性の容器に保管する

★大量に保管しないで、小分けにする

★日陰の通風のよい場所に置く

第3章 危険物等

7　ガス集合装置

チェックポイント

① ガス集合装置から5m以内に火気を使用する設備を持ち込んでいないか。
② 5m以内の場所では，喫煙，火気の使用または火花を発するおそれのある行為をしていないか。

設備導入時等のチェックポイント

① 移動して使用する以外のものは専用の室に設けているか。
② 配管には，主管および分岐管に安全器を設けてあるか。
③ 設置場所に適当な消火設備を設けているか。

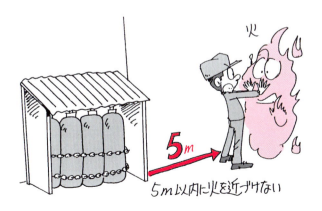

8 高圧ガスボンベ

チェックポイント

① ボンベを 40℃ 以上になる場所に置いていないか。

② ボンベは転倒しないように，チェーンの2本がけ等で確実に固定してあるか。

③ ボンベを運搬するときや使用していないときには，保護キャップを取り付けているか。

④ アセチレンガスボンベは立てて置いているか。

⑤ 充てんボンベと空ボンベは区別してあるか。

⑥ 可燃性ガス，毒性ガスのボンベ置き場には，「火気厳禁」「禁煙」「立入禁止」等の表示があるか。

⑦ 可燃性ガスボンベ置き場には，消火器等が備え付けてあるか。火災時に，その消火器等が取り出せるか。

⑧ 毒性ガスボンベ置き場には，吸収剤，中和剤およびガスの性状に適した防毒マスクまたは空気呼吸器を，万一ガス漏れがあっても安全にこれらを取り出せるエリアに備え付けてあるか。

第3章　危険物等

9　塗装設備

(1) 塗装設備全般　チェックポイント

① 塗装ブース内に，そのときの作業に必要なものだけ置いてあるか。すぐ使用できるよう配置してあるか。

② 熱風乾燥炉のバーナーへの点火，再点火は，燃焼室を十分換気してから行っているか。

③ 燃焼室の爆発放散ドアは，確実に作動するか。

④ 熱風乾燥炉の炉体やダクトにタールが付着していないか。

⑤ 赤外線ランプに水がかかったり，物がぶつかったりしていないか。

（以下，塗料に溶剤が含まれている場合）

⑥ 塗装ブース，塗料調合室内等で使用する工具は，火花を発しない材質のものを使っているか。

⑦ 塗装ブース，塗料調合室内等には，防爆構造以外の電気設備を持ち込んでいないか。

⑧ スプレーガンのアース線は外れていないか。

91

(2) 静電塗装　チェックポイント

① 静電塗装のブース内に設置されている設備や機器のアースはすべて正しく接続されているか。

② 静電塗装中の作業者のアース対策（静電マットのほか，静電気帯電防止作業服・靴の着用）は十分か。

③ 静電塗装のヘッドと被塗物との距離は 25 cm 以上が保たれているか。

④ コンベヤー用チェーン，ハンガー等に塗装カスが著しく付着していないか。

⑤ 静電塗装のブースの「高電圧」に関する表示は汚損やはがれはないか。

なお，静電塗装の装置には，6〜8万ボルトの電圧がかかっている。配管およびホースの静電気除去方法は，下の図のとおりである。

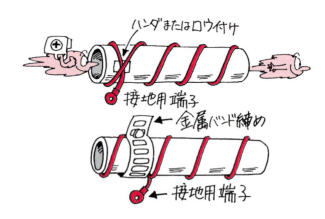

10 乾燥設備

(1) 乾燥設備全般

設備導入時等のチェックポイント

① 設備の外面は，不燃性の材料で作ってあるか。
② 設備の内面，内部の棚，枠等の材料は，不燃性か。
③ 熱源としてガスバーナーまたは油だきバーナーを使う設備では，点火前に燃焼室を換気することができる構造になっているか。
④ 設備の内部は，掃除しやすい構造か。
⑤ のぞき窓，出入口，排気孔等は発火の際に延焼を防止できる位置に取り付けてあるか。また，必要があるとき直ちに密閉できる構造になっているか。
⑥ 温度測定装置および温度調節装置が設けてあるか。
⑦ 付属電気設備の配線およびスイッチは，専用のものを使用しているか。
⑧ 直火を使用している場合，有効な覆いまたは隔壁が設けてあるか。

近くでの有機溶剤の保管・設置や使用は危険
箱形乾燥機

Ⅱ 安全点検のポイント

(2) 危険物乾燥設備

設備導入時等のチェックポイント

① 危険物乾燥室を設けている建物は,平屋もしくは耐火構造になっているか。
② 設備の側部および底部は爆発力に耐える堅固なものになっているか。
③ 周囲の状況に応じ,設備の上部は軽量な材料でつくってあるか。
④ 有効な爆発戸,爆発孔が設けてあるか。
⑤ 内部のガス,蒸気または粉じんを排出する設備に異常がないか。
⑥ 直火を熱源として使用していないか。
⑦ 設備の内部に,電気火花を発するような電気機械器具または配線を設けていないか。

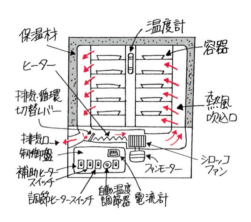

94

第3章　危険物等

11　可燃性粉じん

チェックポイント

① 自然発火しやすい条件の除去や自然発火の原因となる物質の蓄積，混入の防止に努めているか。

② 直火や高熱物体の取扱いを避け，加熱は間接加熱にしているか。

③ 喫煙その他の火気管理を厳重にしているか。

④ 溶接作業は安全な状態の場合にのみ行うようにしているか。

⑤ 衝撃，摩擦火花の発生防止や機械部分の過熱防止を図っているか。

⑥ 静電気の蓄積を防止する措置を講じているか。

設備導入時等のチェックポイント

① 装置，配管に爆発放散孔（ベント）が設けてあるか。

② コンベヤーや配管に緊急遮断設備が設けてあるか。

③ 粉じんの発生する工程を密閉しているか。

④ 粉じん取扱作業場の建物等は耐火性であり，電気設備は防爆構造であるか。

⑤ 作業場内は粉じんが堆積しにくく，また，清掃しやすくなっているか。

95

Ⅱ 安全点検のポイント

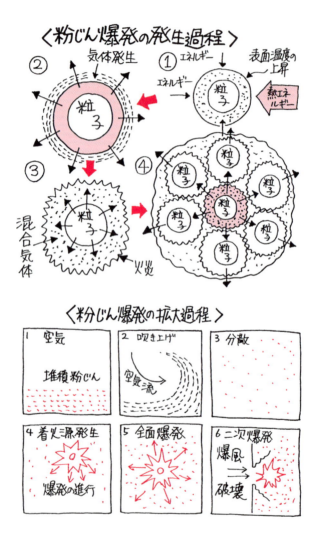

第 4 章
設 備 ・ 環 境

Ⅱ　安全点検のポイント

1　通路，作業床等

（1）　通　路　チェックポイント

① 　通路の範囲や物の置場を示す区画の白線や黄色線等はかすれていないか。

② 　通路面が水や油でぬれていて，滑りやすくないか。

③ 　採光や照明の明るさなどは適切か。

④ 　通路面に電線等を這わせていないか。

⑤ 　床の凹凸，クロス等床材のめくれ，はがれはないか。

⑥ 　通路や出入口付近に物が積み上げられている等により，見通しが悪くなっていないか，通行しにくくないか。

⑦ 　非常口や階段に荷置きしていないか。

⑧ 　避難通路や非常口の案内・誘導灯は荷等で隠れていないか。

⑨ 　一時的に通路に荷置きしなければならないときは，カラーコーン，セーフティバー等で置き場所を明示して管理しているか（荷置き許可証にて管理する等）。

⑩ 　台車等の運搬器具を通路に置き放しにしていないか。

⑪ 　棚から通路に部材等がはみ出していないか。

設備導入時等のチェックポイント

① 　通路の幅は 80 cm 以上か。

② 　コンベヤー，シャフト，配管等をまたぐ箇所には，

98

第4章　設備・環境

踏切橋が設けてあるか。

③　通路の上部に頭をぶつけそうな構造物等はないか。

④　避難通路や非常口の案内・誘導灯は適切に設置され，見やすいか。荷等で隠れていないか。

⑤　物の置き場所が通路とは別に区画され黄色線等で明示されているか。

⑥　荷置き場所において，荷を取りに行くための通路が確保されているか。

⑦　フォークリフト等の運行経路と通路が明確に区分されているか。

（2）作業床　チェックポイント

①　床面が水や油で滑りやすくないか。モップ等は備えてあるか。

②　床面に凹凸，段差や損傷はないか。

③　溝ぶたの外れや破損の箇所はないか。

④　床面への物のはみ出しはないか。

⑤　材料，製品，切粉等を放置していないか。

⑥　一時的に作業床に荷置きしなければならないときは，カラーコーン，セーフティバー等で置き場所を明示して管理しているか（荷置き許可証にて管理する等）。

99

Ⅱ　安全点検のポイント

設備導入時等のチェックポイント

① 　油や水でぬれる箇所は滑りにくい材質の床材を使用しているか。

② 　設備・機械等の据付ボルトが立ち上がり，つまずきの原因になっていないか。

③ 　設備関係の配管，配線等は床に埋め込んであるか。

---

(3)　開口部，ピット等　チェックポイント

① 　作業床にすき間，亀裂，破損，腐食等が生じていないか。

② 　開口部の囲い近くに，荷置きしていないか（荷に上がると囲いの高さが相対的に低くなる）。

設備導入時等のチェックポイント

① 　高さ 2 m 以上の作業箇所には，作業床が設けてあるか。

② 　作業床は丈夫な構造か。

③ 　作業床の周囲および開口部，ピットには，柵，囲い，手すり（高さ 110 cm 以上が望ましい）または覆いが設けてあるか。

④ 　手すりは人がすり抜けられないように中さん（縦さんや横さん）が入っているか。また，最下部に幅木（高さ 10 cm 以上）が取り付けられているか。

第4章　設備・環境

⑤　開口部に設けるふたは床と同一平面（高さが同じ）となるようにし，最大積載荷重を表示し，ふたのズレ止めが設けてあるか。周囲にトラマーク表示はあるか。

⑥　はしご口，階段口の開口部周辺には，出入りする側を除き，堅固な柵，囲いが設けてあるか。

（4） 物品揚卸口等　チェックポイント

① 柵近くに荷置きしていないか（荷に上がると柵の高さが相対的に低くなる）。
② 柵等を取り外した場合は，安全帯作業とし，作業終了後，確実に元の状態に復旧しているか。
③ 周囲にトラマーク表示はあるか。

設備導入時等のチェックポイント

① 物品揚卸用の開口部には，適正な強度のふたを設けるか，周囲に柵（中さん，幅木付き）等の囲いを設けているか。
② 安全帯作業箇所には安全帯取り付け設備を設けているか。
③ 開口部に設けるふたは，床と同一平面（高さが同じ）となるようにし，最大積載荷重表示を行い，ふたのズレ止めが設けてあるか。

① ふたは十分な強度のもの
② 滑動防止措置（ズレ止め付）
③ 最大積載荷重の表示
④ 使用しない開口部は固定する
⑤ ふたを外したときは周囲に柵等の囲いを設ける

開口部に設けるふた
（ズレ止め付）

第4章　設備・環境

(5) 階　段　チェックポイント

① 踏み面が、油、泥等で汚れていないか。
② 滑り止めが破損したり、変形していないか。
③ 踊り場や踏み面を荷置き場所にしていないか。
④ 階段下に荷物を収納している場合、階段にトラマーク、緩衝材の取付け、頭上注意の表示をしているか。

設備導入時等のチェックポイント

① 階段は、昇り降りしやすい構造になっているか。急勾配であったり幅が狭くないか。
② 上方に配管等の障害物はないか。
③ 手すりの高さは適正か。
④ 手すりは、可能な限り両側に設けてあるか（対面通行のとき両側にあると両者が利用できる）。
⑤ 勾配は水平面に対して 30～38°、踏み面の幅は 21 cm 以上、蹴上げは 22 cm 以下とするのが望ましい。
⑥ 手すりの高さは、踏み面から 75 cm 以上 85 cm 以下とするのが望ましい。

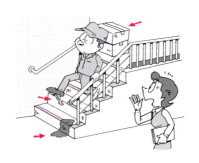

(6) はしご

a 垂直はしご　チェックポイント

① 踏さんが油, 泥等で汚れていないか。
② 設備, 壁面への固定部が緩んでいないか。
③ はしごの直下に荷置きしていないか。
④ 必要に応じ頂部に安全ブロックを取り付け, 安全帯をつないで昇降しているか。
⑤ 関係者以外昇降禁止の表示や措置(チェーン固定等)は, 適切に管理されているか。

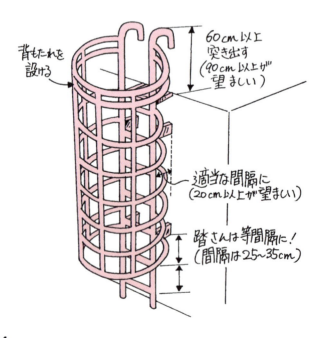

第4章　設備・環境

設備導入時等のチェックポイント

① 丈夫な構造で，設備，壁等にしっかり固定されているか。

② 上部が床面から 60 cm 以上（90 cm 以上が望ましい）突出しているか。

③ 先端から手が抜けないように上部を折り返すか，丸めているか。

④ 踏さんと設備の距離は，20 cm 以上離しているか。

⑤ 踏さんのピッチは 25〜35 cm で，等間隔になっているか。

⑥ 床から 2.1 m 以上の部分に背もたれ（安全囲い）を設置しているか。

⑦ 最上段の踏さんは，作業床面と同一面になっているか。

b　移動はしご　**チェックポイント**

① ガタ，曲がり，亀裂，腐食等がないか。

② はしごの下部の滑り止めが外れたり破損したりしていないか。

③ 立てかけ角度（はしごと床面の角度）は，75°程度になっているか。

④ 窓枠等の弱い箇所に立てかけていないか。

⑤ 立てかけたとき，突出し部は 60 cm 以上になっているか。

⑥ 通路や出入口またはその近くではしごを使って作業するときは，衝突防止のため，通行止め等の措置，カラーコーン，セーフティバーの設置，注意表示等の措

105

置を講じているか。
⑦ はしごの上部は、転倒したり、ずれたりしないよう固定しているか。
⑧ 踏さんが油等で滑りやすくなっていないか。
⑨ 感電の危険性がある場所では、絶縁性能のある材質のはしごを使っているか。
⑩ 必要に応じ頂部に墜落防止用の安全ブロックを取り付け、安全帯をつないで昇降しているか。

設備導入時等のチェックポイント

① 踏さんのピッチは、25～35cmで、等間隔になっているか。
② 幅は30cm以上となっているか。

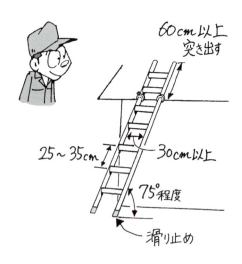

第4章 設備・環境

災害事例 6

荷の取り下ろし中,はしごから転落

　工場の中2階の棚からダンボール箱を取り下ろすため,長さ2mのはしごをかけ,3段目(地上約90cm)まで登って荷を取ろうとしたところ,踏みはずして通路に仰向けに転落した。
(対策)
① スロープやリフター等,荷を昇降させるための設備を使用する。荷を手に持って,はしごや階段を使用しない。
② 人の昇降は,①のスロープを使用するか,手すりつきの階段等の昇降設備を設け,これを使用する。
③ 人の昇降のためにはしごを使う場合には,ア)はしごを使う前にガタ,曲がり,亀裂,腐食等の有無および滑り止めが正常に機能するか点検する。イ)床面との角度を75°程度にする。ウ)はしごの突出部を60cm以上とし,立てかけ箇所に固定する。

（7） 脚　立　チェックポイント

① ガタ，曲がり，亀裂，破損，腐食等はないか。
② 使用時，脚と床面との角度は，75°程度になっているか。
③ 開き止め金具は，正常に機能するか。
④ 水平で段差のない，堅固な場所に設置しているか。
⑤ 天板に立って作業していないか。（はしご兼用脚立）
⑥ 滑り止めは正常に機能するか。

設備導入時等のチェックポイント

① 踏さんは，丈夫な構造で，作業を行うのに必要な面積を有し，等間隔になっているか。

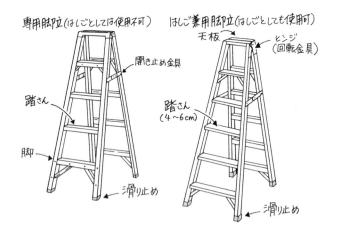

第4章　設備・環境

災害事例　7

はしご兼用脚立上で作業中，転落

　天井装飾のため，はしご兼用脚立の高さ２ｍのところに登って作業中，脚立の開き止めが破損し，脚立が開いて床上に転落し負傷した。
（対策）
① 　脚立は使用前に開き止めが確実にロックされているか点検する。
② 　高さ２ｍ以上の高所作業では安全帯取り付け設備を設け，安全帯を使用する。
③ 　可搬式作業台を用いる。

Ⅱ　安全点検のポイント

2　温度・湿度等

（1）　温度・湿度　チェックポイント

①　暑熱な屋内作業場（WBGT：湿球黒球温度28℃以上）では冷房，スポットクーラー等で温度を下げているか。

②　暑熱作業では，こまめに水分や塩分を補給できるようにしているか。

③　寒冷な屋内作業場（乾球温度5°以下）では，暖房や防寒服着用等の措置を講じているか。

④　多湿な屋内作業場（相対湿度85%以上）では，除湿等の措置を講じているか。

⑤　加熱された炉を修理するため，作業者が炉の内部に入る場合には，冷却等の措置を講じているか。

⑥　加湿のための噴霧には清潔な水を用いているか。

設備導入時等のチェックポイント

①　溶解炉等では，加熱された空気を直接外気に排出し，加えて，放射熱から作業者を保護する措置を講じているか。

110

第4章　設備・環境

(2) 採光・照明　チェックポイント

① 作業面の照度は適切か（参考12を参照）。
② 著しい照度の差がないように，全体照明と局所照明を併用しているか。
③ 前方からの照明では，光源が目に入り，まぶしさを感じることはないか。
④ 出入口の内外で照度の差が大きくないか。
⑤ 照明器具や採光窓の前のボード，パーティション等が，適正な照度および採光を妨げていないか。
⑥ 照明器具の電球，蛍光管等の球切れ，汚れ，反射笠等の汚れ，破損等により，照度が低下していないか。
⑦ 地下階段，ピット等の照度は確保されているか。
⑧ 6カ月以内ごとに定期に照明設備を点検しているか。

局所照明のみ

111

■参考12　基本的な照明要件（屋内作業）（JIS Z 9110 抜すい）

領域，作業または活動の種類	lx
ごく粗い視作業，短い訪問，倉庫	100
作業のために連続的に使用しない所	150
粗い視作業，継続的に作業する部屋（最低）	200
やや粗い視作業	300
普通の視作業	500
やや精密な視作業	750
精密な視作業	1,000
非常に精密な視作業	1,500
超精密な視作業	2,000

■参考13　まぶしさを生じさせない方法

(3) 通風・換気 チェックポイント

① 換気扇，全体換気装置，局所排気装置，プッシュプル型換気装置，空調設備等は有効に稼働しているか。
② 換気装置の吸い込み口や吹き出し口に通風を妨げるような物の置き方をしていないか。
③ 窓，ドア等は開閉しやすいように整備されているか。
④ 窓を閉め切る等，換気をしないで，石油ストーブやガスコンロ等を使用していないか。

設備導入時等のチェックポイント

① 作業場の気積は，作業者一人当たり10㎥以上あるか。
② 自然換気の場合，換気窓面積（直接外気に向かって開放できる窓面積）が，床面積の20分の1以上あるか。

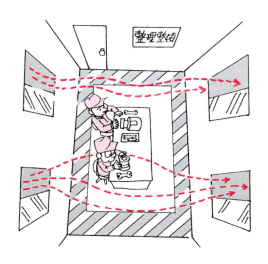

Ⅱ　安全点検のポイント

(4)　騒　音　チェックポイント

① 水やほこりを払うエアブローの音は大きくないか。

② エアバルブ，ホースの割れ部からエアが漏れて噴出し，大きな音を発していないか。

③ ギヤ，軸受け等の摩耗，油切れによる異常音を発していないか。

④ 金属製の箱に金属部品等を直接落下させる等，騒音を発していないか。

⑤ 金属のぶつかり合いによる衝撃音を発していないか。

⑥ ベルトカバーやふたの固定ねじが緩んで，騒音（ビビリ音）を発していないか。

⑦ 機械設備の据付けが悪く，共振等による振動音を発していないか。

⑧ 排気装置のファンの汚れや，破損のため，騒音を発していないか。

⑨ 空調設備のダクトにほこり等がたまり，ダクト内での流速が速くなり，吹き出し口で騒音を発していないか。

⑩ 遮音室等のドアを開いた状態にして作業していないか。

⑪ 等価騒音レベル 85 dB 以上 90 dB 未満の屋内作業場では，作業者に耳栓やイヤーマフ等の防音保護具を使用させているか。

⑫ 等価騒音レベル 90 dB 以上の屋内作業場では，防音保護具を使用させるとともに，防音保護具の使用につ

114

いて，作業者の見やすい場所に掲示しているか。
⑬ 耳栓は清潔か。また，作業者の数だけ備えてあるか。個人用か。
⑭ 使用を命じられた防音保護具を作業者は確実に装着しているか。

■参考 14　騒音防止策

　職場の騒音を防止するためには，次のような各種の措置を講じて，騒音の発生を抑制することが必要である。

① エアバルブ等の排気口にサイレンサーを取り付ける。
② 金属製受箱にゴム板を貼り付ける。
③ 振動する機械と床面との間に防振材を敷く。
④ 騒音源を適切な遮音材で囲む。
⑤ 騒音源を床下に置く等作業場所から離す。
⑥ 加工材等の落下距離を短くする。

(5) 有害光線　チェックポイント

① アーク溶接（紫外線が発生）およびガス溶接（赤外線が発生）の作業者は，遮光保護具を着用しているか。
② 遮光保護具は，作業の内容と光の強さ等により，最も適切なレンズとめがねの種類を選んでいるか。
③ レーザー機器を取り扱う作業者等は，レーザー光線の種類に応じた有効なレーザー用保護めがね（ゴグル形，スペクタル形，フロント形がある）を着用しているか。
④ 有害光線等を発する装置の周辺に取り付けた遮光板に脱落や割れはないか。
⑤ 遮光保護具，レーザー用保護めがねは清潔に管理・保管されているか。

(6) 酸素欠乏危険作業　チェックポイント

① 作業主任者を選任しているか。
② 特別教育を受けた者が作業を行っているか。
③ 「許可者以外立入禁止」「作業主任者の氏名および職務内容」等は見やすい位置に表示し，汚れ等で読めなくなっていないか。また，内容（氏名）は最新の状態か。
④ 作業開始前に，作業主任者が酸素濃度，硫化水素濃度を測定しているか。
⑤ 換気を行い，酸素濃度18％以上，硫化水素濃度 10 ppm 以下に保っているか。
⑥ 作業場外に監視人を置いているか。
⑦ 墜落のおそれがある場所では，安全帯を使用しているか。
⑧ 酸素欠乏危険場所の近くに，空気呼吸器やホースマスクを備えているか。

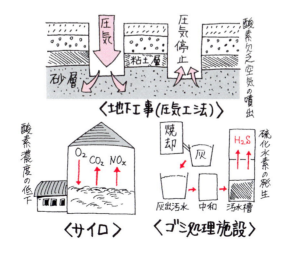

II 安全点検のポイント

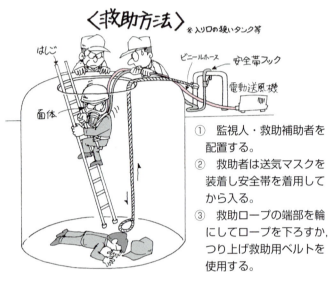

① 監視人・救助補助者を配置する。
② 救助者は送気マスクを装着し安全帯を着用してから入る。
③ 救助ロープの端部を輪にしてロープを下ろすか，つり上げ救助用ベルトを使用する。

酸欠の空気は軽い！

災害事例　8

タンク内溶接で酸欠

　ステンレスタンクの底でアルゴンガスを使用して溶接作業中，アルゴンガスが過剰になり，相対的に空気が追い出され，酸素欠乏のため突然倒れた。

（対策）
① 通風が不十分な場所において，アルゴンガス（比重1.4：空気の重さの1.4倍の不活性ガス）を多量に噴出しながら溶接を行う場合は，十分な量の換気を行い，酸素濃度を 18% 以上に保つ。
② 換気を行いながら，作業中も酸素濃度を継続的に測定する。
③ 換気ができないとき等は，労働者に空気呼吸器を使用させる。
④ タンクの外側に監視人を置き，作業者，換気装置等に異常がないか常時監視する。監視人は，酸欠空気を吸わない場所・方法で監視し，墜落の危険性がある場合は，安全帯を使用する。
⑤ あらかじめ救出用のロープ等を備えておく。
⑥ 救出時には必ず空気呼吸器または送気マスクを使用する。

第5章
運搬用機械
設備

Ⅱ　安全点検のポイント

1　コンベヤー

（1）　コンベヤー全般　チェックポイント

① コンベヤーの動力伝導部分（ベルト，プーリー，ローラー，チェーン，スプロケット，スクリュー等）の覆いまたは囲いに破損や脱落がないか。

② 起動または停止のためのスイッチの表示は明瞭か。また，起動スイッチは劣化，破損等により，不意に起動するおそれはないか。

③ コンベヤーに取り付けるプラットホームおよびその歩道の床面は，つまずく，滑る等の危険がないか。

④ 非常停止スイッチの周囲に障害物を置いていないか。

⑤ 起動を予告する警報音は正しく鳴るか。

設備導入時等のチェックポイント

① プラットホームの歩道の幅は 60 cm 以上か。歩道には高さ 90 cm 以上で中さん，幅木付きの手すりが設けてあるか。

② コンベヤーを横断する箇所には，高さ 90 cm 以上で中さん，幅木付きの手すりのある踏切橋が設けてあるか。

③ 作業者が作業位置で操作できる非常停止スイッチ（ロープ式非常停止装置を含む）があるか。

④ 傾斜コンベヤー，垂直コンベヤー（フローコンベヤー，スクリューコンベヤー等を除く）には，停電等により荷または搬器の逸走・逆送を防止するための逸走防止装置（電磁ブレーキ等）が備えられているか。

122

第5章　運搬用機械設備

(2) ベルトコンベヤー　チェックポイント

① 荷をベルトの中央に載せるための装置は正常に機能するか。

② 荷の脱落または滑りによる危険を防止するための装置は正常に機能するか（荷がばら物の場合は，傾斜コンベヤーに限る）。

> 注：②の装置を設ける必要のない場合
> a) 傾斜部における荷の全積載量が500kg以下で，かつ，1個の荷の重量が30kgを超えない場合
> b) 荷または搬器の逸走または逆走のおそれがない場合

③ ベルトまたはプーリーに付着しやすい荷を運搬するベルトコンベヤーのベルトクリーナー，プーリースクレーパー等は正常に機能するか。

④ 作業中接近するおそれのあるホッパーおよびシュートの開口部の覆いまたは囲いは正しく取り付けられ，破損等はないか。

⑤ 帰り側ベルトに付着した荷が落下するおそれがある場合の囲いまたは覆いは正しく取り付けられ，破損，脱落はないか。

(3) 各種コンベヤー　チェックポイント

① 作業の性質上やむを得ない場合で転倒防止対策を講じたとき以外は，ローラーコンベヤー上に乗らないようにしているか。

② ハンガーから荷が落下するおそれはないか。

II 安全点検のポイント

設備導入時等のチェックポイント

① チェーンに子割板を連続的に取り付けたスラットコンベヤーと支柱，部品箱の間にはさまれる危険性はないか。
② スラット板にはさまれる危険性はないか。
③ ベルトコンベヤー，スラットコンベヤーからローラーコンベヤーへ移動する箇所のすき間にはさまれる危険性はないか。
④ ローラーコンベヤーの側面の駆動用チェーン部にはさまれる危険性はないか。
⑤ ローラーコンベヤー端部には，専用のストッパーが取り付けてあるか。
⑥ フリーフローコンベヤー（パレット式）のパレット間にはさまれる危険性はないか。
⑦ オーバーヘッドコンベヤーの荷またはハンガーが作業者に接触する危険性はないか。
⑧ ハンガーの形状は，先端が作業者の身体や衣服に引っかかる危険性はないか。

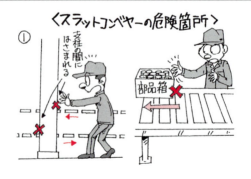

〈スラットコンベヤーの危険箇所〉

第5章 運搬用機械設備

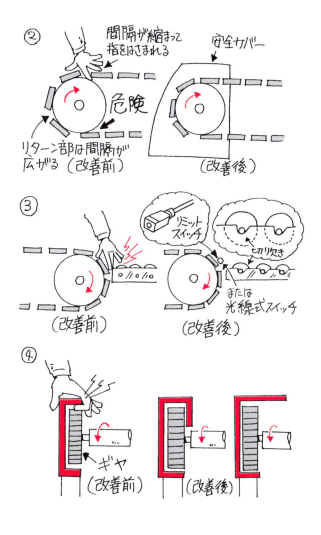

Ⅱ　安全点検のポイント

2　フォークリフト

（1）　フォークリフト全般　チェックポイント

① 　方向指示器，警報装置は正しく作動するか。

② 　後退時の警報装置は正しく作動するか。

③ 　ヘッドガードは堅固に取り付けられ，ガタつきや破損はないか。

④ 　バックレストは，ひび割れや破損はないか。

設備導入時等のチェックポイント

① 　運転席が昇降する方式のものは，手すりその他墜落防止設備を備えているか。

（2）　作業計画，作業指揮等　チェックポイント

① 　当日の作業計画は関係者が承知しているか。

② 　誘導の合図は関係者が承知しているか。

設備導入時等のチェックポイント

① 　作業指揮者は選任されているか。

② 　作業指揮者は，作業計画に基づき，作業指揮をしているか。

③ 　フォークリフトの運行経路と作業者通路を区分するか，誘導者を配置する等により，接触防止を図っているか。

第5章 運搬用機械設備

(3) 使用管理 　チェックポイント

① 荷の重量，形状等に適したフォークリフトおよびアタッチメントを使用しているか。

② 作業開始前の点検を励行しているか。

③ 路面の強度，整備の状況はよいか。

④ 路面上に散乱物，突出物等がないか。

⑤ 許容荷重を超える荷重の荷を積載していないか。

⑥ フォーク等の下に作業者を立ち入らせていないか。

⑦ フォーク等に作業者を乗せていないか。

⑧ 運転者は保護帽を着用しているか。

⑨ 運転者がフォークリフトを離れるときは，フォークを最低降下位置に置き，逸走防止措置を確実にとっているか。また，鍵を抜き，決められた方法で保管しているか。

⑩ スロープに止めて置くときは，ブレーキをかけ，車止めを用いているか。

⑪ 運転は有資格者が行っているか（1 t 以上：技能講習，1 t 未満：特別教育）。

設備導入時等のチェックポイント

① 特定自主検査（年次）および定期自主検査（月例）の点検を励行しているか。特定自主検査の実施済ステッカーを貼付しているか。問題があれば補修しているか。

127

② フォークリフトが走行する通路の幅は，次の数値以上あるか。
   (イ) 二方通行の場合　$L = 2\ell + 90$（cm）
   (ロ) 一方通行の場合　$L = \ell + 60$（cm）
   　　L：通路の最小幅（cm）
   　　ℓ：フォークリフトの幅または積荷の幅のうちいずれか大きいほう（cm）
③ 構内の制限速度を定めて，明示してあるか（最高速度が10 km/時を超える場合）。

(4) 作業開始前　チェックポイント

① 制動装置および操縦装置は適正に機能するか。
② 荷役装置および油圧装置は適正に機能するか。
③ 車輪（タイヤ）に異常はないか。
④ 前照灯，後照灯，方向指示器および警報装置は適正に機能するか。
⑤ 問題が認められたとき，直ちに補修等を行っているか。

第 5 章　運搬用機械設備

3　クレーン等

(1)　クレーン　チェックポイント

① 過巻防止装置は正常に作動するか。
② フックのワイヤロープの外れ止めは紛失していないか。変形していないか。
③ ペンダントスイッチカバーのビスの緩みや抜けがないか。
④ ペンダントスイッチの押しボタンとケースの間にすき間ができていないか。
⑤ クレーンの走行，横行の方向とスイッチの表示は汚れたりはがれたりしていないか。

設備導入時等のチェックポイント

① スイッチの表示は東西南北等になっているか。
② 橋型クレーンには，走行ブレーキが設けてあるか。
③ スタッカー式クレーンを有人運転する場合，身体の一部が運転席から外に出るような箇所はないか。

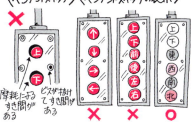

(2) クレーンの使用管理　チェックポイント

① 定期自主検査（年次，月例）および作業開始前の点検を行い，問題があれば直ちに必要な補修を行っているか。
② 一定の資格を有する者に運転をさせているか。
③ 定格荷重を超える荷重をつり，使用していないか。
④ 特別の状況下で専用の搭乗設備を設けている場合を除き，作業者をクレーンのつり具および荷に乗せていないか。
⑤ クレーンの荷の下に，作業者を立ち入らせていないか。
⑥ フックの外れ止めは，適切に機能するか。
⑦ 強風時（10分間の平均風速10 m/秒以上）は作業中止としているか。

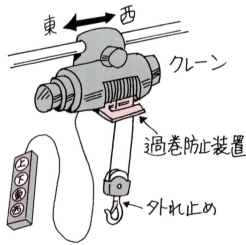

130

第5章　運搬用機械設備

⑧　運転者の動く通路は，荷置き等によりふさがっていないか。

⑨　同一ランウェイに並置されたクレーン等の修理等の作業を行う場合には，監視人の配置，ランウェイ上へのストッパーの設置等，クレーン相互の衝突，または作業者とクレーンとの接触による災害を防ぐための措置を講じているか。

⑩　クレーンの上部等で点検の作業等を行う場合，不意の起動による災害防止のために，クレーンの運転禁止措置を講じるか，作業指揮者を定め運転者と点検者等の連絡，合図を行っているか。

┌─────────────────────────────┐
│ 設備導入時等のチェックポイント │
│   │
│ ①　性能検査の必要なクレーンは性能検査を受けている │
│ か（つり上げ荷重（つり上げ能力）3 t 以上のクレー │
│ ン，1t 以上のスタッカー式クレーン）。 │
└─────────────────────────────┘

131

II　安全点検のポイント

（3）　玉掛けワイヤロープ等　チェックポイント

① 玉掛け作業は，一定の資格を有する者が行っているか（つり上げ荷重（つり上げ能力）が1t以上のクレーン：玉掛け技能講習，1t未満：特別教育）。

② 玉掛けワイヤロープの点検，整備は適正か。使用前に点検しているか。

③ 玉掛けワイヤロープの安全率は6以上のものを使用しているか。

④ ワイヤロープ一よりの間で素線の10％以上が切れていないか。

⑤ 直径の減少が公称径の7％を超えていないか。

⑥ キンクまたは著しい形くずれや腐食のあるものを使用していないか。

⑦ トラックの荷台等で使う台付けワイヤロープを，玉掛けワイヤロープとして使用していないか。

⑧ 繊維スリング等に著しい損傷または化学薬品による腐食はないか。

⑨ クランプやシャックル等の玉掛け用具に変形や亀裂，摩耗，伸び等はないか。

第 5 章　運搬用機械設備

■参考 15　ワイヤロープの違い

　玉掛けに，玉掛けワイヤロープを使用せず，誤って台付けワイヤロープを用いると，事故のもととなる。台付けワイヤロープは，トラックの荷台に荷物を固定するとき等に用いるロープであり，玉掛け作業には使用できない。

　玉掛けワイヤロープは，クレーン等安全規則で要件が決められているが，台付けワイヤロープは要件が定められておらず，玉掛け作業に使用すると，編み込み部分が抜けて落下事故を発生させる危険性がある。

　両者は，よく似た外見だが，ヒゲの数（箇所）で判断することができる。
① 　玉掛けワイヤロープは，ヒゲが 2 か所に出る（2 段階に細くなっている。）。
② 　台付けワイヤロープは，ヒゲは 1 か所である。

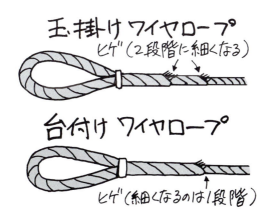

第 6 章
工 具 類

Ⅱ　安全点検のポイント

1　手工具

（1）　手工具全般　チェックポイント

① 　工具棚，工具ボード等に保管する工具の種類，数量が分かるようにしてあるか。用途別，サイズ別に保管され，表示は見やすいか。

② 　工具箱，工具類はよく整頓してあるか。よく使うものは，取り出しやすい場所に置かれているか。

③ 　使用後は，所定の場所に戻してあるか（例：ボードにアウトラインを描く等により戻っていないとすぐに分かるようにする）。

④ 　機械や作業台の上に放置していないか。

⑤ 　不要な工具類を整理してあるか。変形，破損等で廃棄すべきものが保管されていないか。

⑥ 　置き場所は，作業位置から遠くないか。通路以外の近道をしたくなる場所に置いていないか。

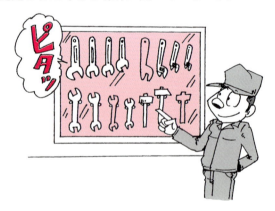

第6章　工具類

⑦　作業に応じた工具を選定しているか。本来の用途以外に使っていないか（スパナをハンマー代わりに使用する等）。

⑧　爆発・火災の危険性のある場所では，ノンスパーク工具を用いているか。

⑨　工具類を運ぶ場合は，危険性に応じて工具袋やケース等を使用しているか。鋭利な工具を作業服のポケットに直接入れていないか。

⑩　水や油が付いたままの検電器を使用していないか（ショート，感電のおそれあり）。また，低圧用，高圧用の使用範囲を間違っていないか。

⑪　高所作業では，落下防止のために，工具類をひも等で身体につないでいるか。

(2) ドライバー チェックポイント

① 先端部の摩耗，欠けまたは柄の曲がりや破損はないか。
② のみやポンチの代わりに使っていないか。
③ ネジの溝に合わないドライバーを使っていないか。
④ 電気工事では，絶縁ドライバーを使っているか。
⑤ ドライバーをむき出しのまま作業着のポケットやベルトに差していないか（転んだとき等に先端でケガをするおそれがあるので，持ち歩くときは，ケース等に入れる）。

(3) タガネ，ポンチ チェックポイント

① 頭部のまくれ，割れがないか。
② 刃先の角度は加工材に合っているか。
③ 使用中は保護めがねを着用しているか。

(4) ハンマー チェックポイント

① ハンマーの打面に傷，欠け，まくれ等がないか。
② 柄に緩みやひび割れはないか。
③ くさびが確実に入っているか。
④ 油等が付着していないか（特に柄の部分）。
⑤ 手袋をはめたり，油の付いたりした手で柄を握っていないか。

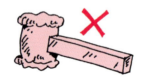

(5) スパナ チェックポイント

① あごの部分が開き過ぎていないか。
② 傷,割れ,まくれ,摩耗等はないか。
③ ボルト・ナットのサイズに合っているか。
④ 手前に引いて使っているか（危険物のある方向に力をかけて回さない）。
⑤ 柄に油が付着したり,油の付いた手で握ったりしていないか。
⑥ 打撃スパナ以外のスパナを打撃工具として使用していないか。

(6) 万 力 チェックポイント

① 本体を作業台に固定しているか。
② 作業台は丈夫で安定したものか。
③ 作業台の高さは適切か。

④ 通路にはみ出していないか。
⑤ 可動側のアゴに大きなガタはないか。
⑥ 締めたとき、アゴの上部が開いてしまわないか。

(7) カッターナイフ　チェックポイント

① 刃を自分の方に向けて切っていないか。
② 刃先が滑り切創しないように、押さえる手を刃の進行方向に出さないで作業しているか。
③ 切れ味が悪くなった刃は直ちに交換しているか。
④ 可能な場合は、防刃性保護手袋を使用しているか。
⑤ 使用時は刃を出す長さを最小限とし、使用時以外は刃を収めているか。

(8) モンキーレンチ　チェックポイント

① あごの部分に傷、割れ等の損傷はないか。
② ウォームとラックのかみ合わせに大きなガタがないか。動きは滑らかか。
③ ウォームの軸が抜けかけていないか。
④ 可動部（下あご）に大きなガタはないか。

第6章 工具類

⑤ 柄にパイプを差し込んで使っていないか。
⑥ 上あご方向に回していないか(下あごはウォームとラックのかみ合わせで動き,溝部分で力を受ける。上あご方向に回すと,下あごが浮き上がり受ける力が弱くなる)。

2 携帯用動力工具

(1) 携帯用グラインダー　チェックポイント

① 安全カバーの取り付けボルトの緩み,脱落等がないか。
② といしの締付け部に緩みはないか。
③ 感電防止用漏電遮断器(ELCB)を取り付けた電源

を使用しているか。または，本体にアースを確実に接続してあるか。

④ といしに目詰まりはないか。
⑤ といしに，大きな摩耗や片減りはないか。
⑥ フランジの締付けは確実か。
⑦ グラインダーを床にじかに置いていないか。
⑧ 使用していないときは動力源からプラグやエアホースを抜いているか。
⑨ といしとフランジの間にパッキン（紙製ラベルでよい）が入っているか。
⑩ 屋内で作業を行う場合は，全体換気を行い，防じんマスクを使用しているか。
⑪ エアグラインダーでは，ホースカップリング部の変形，緩みはないか。ホースがカップリングにきちんと取り付けてあるか。

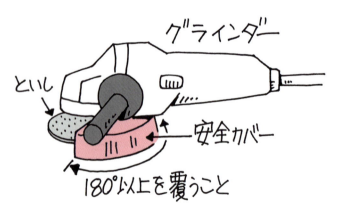

第6章　工具類

設備導入時等のチェックポイント

①　といしは 180°以上を覆う丈夫なカバーが取り付け
られているか。

②　フランジの大きさは，といしの外径の3分の1以上
あるか。

(2)　電気ドリル　**チェックポイント**

①　手元スイッチは，正しく作動するか。

②　異常な音や振動はないか。

③　ドリルのチャックを確実に締め付けているか。

④　ドリルの刃の先端はなまっていないか。

⑤　ドリルを床にじかに置いていないか。

⑥　使用していないときはプラグを抜いているか。

⑦　感電防止用漏電遮断器（ELCB）を取り付けた電源
を使用しているか。または，本体にアースを確実に接
続してあるか。

床の上に置き放しの電気ドリルは危険！

電気ドリルの保管箱

143

第 7 章
作 業 服 装

II 安全点検のポイント

　職場における作業服装は，仕事の内容に応じて，作業がしやすく，かつ，災害から身を守ることのできるものとし，着用者の体格や体形等を加味することが必要である。

　本来，災害から作業者を守るためには，リスクアセスメントを行い，①機械の本質安全化，②工学的な対策の実施，③管理的対策の実施（作業方法の安全化等），の優先順位で対策を検討し，実施することになるが，それでも残留リスクがあるので，補完的な対策として，④使用目的に合わせた保護具の使用，についての考慮も必要となる。作業服装は保護具のひとつと考えられる。

1 作業帽

チェックポイント

① 作業帽を深くかぶっているか。

② 作業帽から髪の毛がはみ出していないか。

③ 極端に汚れていないか。破れていないか。

2 作業服

チェックポイント

① 作業服は身体に合ったものか。

② 作業服に破れた箇所がないか。

③ 作業服のボタンがとれたり，かけないままになったりしていないか（ボタンが外れていると，機械に巻き込まれる可能性が高まる）。

④ 腰や首にタオル等をたらしていないか。
⑤ 回転機械に接近あるいは作業する場合は、ネクタイ、ネックレス、ひも付きで首にかける名札等、機械に巻き込まれるおそれのあるものを外しているか。
⑥ 作業服は、汗や油で汚れていないか。
⑦ 腕等、素肌を出して作業をしていないか。
⑧ 作業服に帯電して引火爆発のおそれのあるところでは、静電気帯電防止用の作業服や靴を着用し、金属性のアクセサリーや腕時計を外しているか。
⑨ チェーンソー等を使用する場合、必要に応じ強度のある繊維で作られた服等を着用しているか。
⑩ 有害物を扱う場合等、必要に応じ作業服を着替えて、作業場に出入りしているか。
⑪ 有害物を扱った作業服を家に持ち帰って洗濯等していないか。

Ⅱ 安全点検のポイント

3 履物

チェックポイント

① 履物は，滑ったり，脱げたり，つま先が押しつぶされたりするおそれのある，つっかけ，サンダル等を履いていないか。
② 安全靴の底は減っていないか。
③ 靴ひもはほどけていないか。
④ 引火爆発を起こすおそれのあるところでは，静電気帯電防止靴を履いているか。
⑤ 水や油でぬれた床で作業を行う場合は，滑りにくい履物を選んでいるか。

4 その他

チェックポイント

① 保護帽，安全帯，耳栓，マスク，手袋，めがね，面覆い，足カバー，耐酸衣，耐通電衣等その作業に必要な保護具を作業者の人数分備え，有効にかつ清潔に保

持してあるか。

② 作業者は，その作業に必要な保護具を使用し，あるいは着用しているか。

③ 保護帽（墜落時保護用，飛来・落下物用，電気用），絶縁用保護具・防具，防じんマスク，防毒マスクは，型式検定合格標章のあるものを使用しているか。

④ 保護帽，安全帯は，型式検定の有効期間を過ぎたものを使用していないか。

⑤ ボール盤，ハンマー作業等，手袋の使用を禁止している作業で，手袋を使用していないか。

⑥ 包丁作業等には，可能な場合，手袋（耐切創手袋）を使用しているか。

■参考16 安全帯について

　墜落のおそれのある高所作業には，安全帯の装着が必須である。

　安全帯には，昔から使われている胴ベルト型と近年主流となっているフルハーネス型がある。

　胴ベルト型は，墜落したときの衝撃により，内臓破裂等で死亡する可能性も高い。安全性に問題があるため，米国では使用禁止となっている。

　一方，フルハーネス型は，肩から胴，腿までをベルトで包み込むので，墜落しても姿勢が安定し，衝撃も分散されるため，障害を与える可能性はかなり低い。

　今や，欧米では安全帯といえばフルハーネス型を指し，日本でも原則的にフルハーネス型を使用する方向となっている。

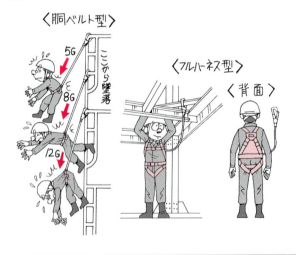

第 8 章
作業方法等

不自然な姿勢，無駄な動作は疲労を増大させるばかりでなく，作業効率も悪く，腰痛の原因にもなる。腰痛を防ぐためには，次のことに注意する必要がある。

a) 重量物の運搬を機械化する。
b) ハンドクレーンやバランサーを用いる。
c) 荷の1個当たりの重量を小さくし，荷に重量を明示する。
d) 持ちやすいように，取っ手等を設ける。
e) 物を横に移すときは，腰を上からひねったり，曲げたりしないで，身体全体を使って回す。
f) 作業台や椅子の高さを調節する。
g) 同一姿勢を長時間続けないようにする。
h) 作業を始める前に準備体操をする。

1 立ち作業

チェックポイント

① 作業台の高さが身体に合わず，常に背伸びをしたり中腰になったりして作業をしていないか。
② 荷物をコンベヤーから降ろすときなどに身体をひねって作業をしていないか。
③ 無理な姿勢で，加工材等を取り出していないか。

④ 身体の自由がきかないような場所や足場の悪いところで作業をしていないか。
⑤ 立ったり，座ったりを頻繁に繰り返すような作業をしていないか。

2　座り作業

チェックポイント

① 椅子と作業台または事務机は，背骨をまっすぐに伸ばして作業できる高さに調整してあるか。
② 椅子の背もたれやキャスターは，壊れていないか。
③ 作業台，コンベヤー等と椅子の間隔が狭い等により，身体を横にひねる等の不自然な姿勢で作業していないか。
④ 作業台に顔を近づけ過ぎていないか。
⑤ 机の下に荷置きし，椅子が入らないため，机から遠い位置に座っていないか。
⑥ 机の上が書類等であふれ，パソコン作業を横向きで行う等，姿勢が悪くなっていないか。

3 運搬作業

チェックポイント

① 取っ手等の把持部を正しく摑んで運んでいるか。
② 片荷の状態で，部品箱等を運んでいないか。
③ できるだけ品物を身体に近づけて運んでいるか。
④ 両腕に平均に力がかかるような持ち方をしているか。
⑤ 直接床置きしないで，台の上に置いているか。
⑥ 床上の物を持ち上げるときは，品物にできるだけ近づいて，腰を下げ，下半身に力を入れているか。
⑦ 重量物の場合は共同作業としているか。共同作業では，合図を決めているか。
⑧ 台車を用いる場合，転がりやすいもの，倒れやすいものはロープ等で固定しているか。
⑨ 運搬経路が散らかっていないか。

4 作業方法，作業手順

チェックポイント

① 決められた作業方法，作業手順で作業が行われているか。作業ステップを飛ばしていないか。
② 手順が守られていない場合，合理的な理由があるか。
③ 合理的な理由がある場合，作業手順を見直し改善する機会・体制はあるか。
④ 合理的な理由がない場合，是正指導，遵守教育を直ちに行っているか。
⑤ 設備の変更等に対し，作業方法，作業手順の見直しが行われているか。見直しのルールは定められているか。

天板に乗っての作業は禁止！

■参考17 ひと仕事，ひと片づけ

　節目節目で安全点検を実施し，異常がないかを見つけて改善することはもちろん大事だが，床面に置きっぱなしになった物等がないよう，日常的に整理，整頓をして，作業場をきれいに保つことも安全の基本として大事である。ひとつの仕事が終わったら，片づけるという「ひと仕事，ひと片づけ」を徹底しよう。

　ひと仕事終わったら，身の回りを点検して，
① ジグ・工具の片づけ，加工によって生じた切粉，床面の汚れ等を清掃する。なお，切粉は指定の容器に捨てる。取り扱うときは，保護手袋等を着用する。
② 残った原材料，使用した台車等は所定の場所に戻す。
③ 使用した薬品を元の保管庫に戻す。なお，薬品を捨てる場合は，指定された廃棄方法に沿って行う。

付録 1　表示・標識類

付録 1　表示・標識類

安全色及び安全標識（JIS Z 9101 より抜すい）

幾何学的形状	意　味	安全色	使用例
 円及び斜線	禁　止	赤	・立入禁止 ・禁煙
円	指　示	青	・保護具着用 ・保護めがね着用
 正三角形	警　告	黄	・高温注意 ・高電圧危険
正方形  長方形	安全状態	緑	・救護室 ・非常口 ・避難場所
 正方形  長方形	防　火	赤	・火災警報器 ・消防器具 ・消火器

157

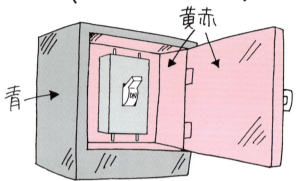

※スイッチボックスは、平素は開けておくべきでないから、刺激の強い黄赤を使用して開いていることが一目でわかるようにする。

※カバーの開いたままの状態が遠くからでもすぐわかる

付録 1　表示・標識類

付録2　チェックシートの例

付録2　チェックシートの例

職場名		点検者名	
点検日	年　月　日	チェック項目	○良，×不良，／該当無

NO.	チェック項目		チェック	摘　要
1	工作機械等	切粉カバーは外れていないか。		
2		切粉カバーは油で汚れていないか。		
3		堅固なチャックカバーを正しく使っているか。		
4		チャックや固定ジグの締付けはよいか。		
5		加工の回転数は規定どおりか。		
6		指名された者が作業しているか。		
7		保護めがねは正しく使っているか。		サイドカバーがあること
8	グラインダー、サンダー	カバーは緩みなく取り付けてあるか。		
9		回転数は適正か。		
10		ワークレスト，調整片の取り付けは正しいか。		
11		平型といしの側面を使っていないか。		
12		防じんシールドは適正か。		正しく使っていること
13		保護めがねは正しく使っているか。		
14		作業者の作業位置は正しいか。		といしの正面に立たないこと
15	木材加工用機械	反ぱつ防止装置を正しく使っているか。		
16		接触予防装置を正しく使っているか。		正しい位置に取り付けること
17		ギャングリッパーの押さえ爪の使用は適正か。		爪の数，締め付け状態
18		作業者の作業位置は正しいか。		
19		死節等の有無の点検を行っているか。		
20		のこ歯に異常はないか。		

161

NO.		チェック項目	チェック	摘　要
21	プレス機械及びシャー	シャーの刃に異常はないか。		立ち入る可能性はないか。 安全ブロックの状態，強度に留意
22		シャーの周辺は立入り禁止しているか。		
23		レベラーのゆがみ直し作業では安全ガードを設けているか。		
24		危険限界内に他の作業者が入っていないか。		
25		金型の取り替え作業中は安全ブロックを使用しているか。		
26		安全装置を無効にして作業していないか。		
27		金型の調整中に第三者による操作ができないようにしているか。		
28		加工物や型の一部が作業者に飛来する危険はないか。		
29	道具工具類	ハンマー，タガネの打面に異常はないか。		まくれていないか。 亀裂はないか。
30		道具，工具を放置してないか。		
31		工具箱，工具袋やケースは正しく使っているか。		
32		ジグ・工具類を立てかけていないか。		
33		高所作業の場合の工具の落下防止措置をしているか。		ひも，チェーン等の使用，バンドへの固定
34	強酸類，強アルカリ類取扱作業	適切な保護具が備え付けてあるか。		
35		作業中防災面等の保護具を着用しているか。		
36		洗眼，洗身の設備は正常に機能するか。		
37		上記設備の表示は汚れたり消えたりしていないか。		
38		保護具は清潔にしているか。		

付録 2　チェックシートの例

NO.		チェック項目	チェック	摘　要
39	物揚げステージ	床端に幅木を設けているか。		床端・開口部 高さ 10 cm 以上のこと
40		コロコンにはストッパーがあるか。		
41		手すり近くに荷置きしていないか。		
42		破損等の異常はないか。		
43		安定の悪い物は固定してあるか。		
44	棚	重い物は下に軽い物は上に載せてあるか。		
45		落下防止のチェーンやバーを取り付けてあるか。		
46		抜け落ちるようなことはないか。		
47		小物は容器に入れて載せてあるか。		
48	倉庫（ラック）	ダンボール箱の積荷は傾いていないか。		箱側面の座屈に注意
49		パレット上の荷は安定しているか。		
50		中抜きをしていないか。		
51		上段の積荷は縛ってあるか。		
52		袋物等の荷崩れの危険はないか。		
53		パレットは傷んでないか。		
54		ラックに破損等の異常はないか。		
55	野積場	枕木を正しく使っているか。		コンクリート製，鋼材，その他
56		枕木は傷んでいないか。		
57		転がり防止（歯止め）はかみ込んでいるか。		丸太，コンクリートポール，くさび
58		安定した積み方がしてあるか。		フォークリフトで無造作に積むことがある。
59		専用のつり具を使っているか。		コンクリートポール

163

NO.		チェック項目	チェック	摘　要
60	コンベヤー	荷の落下を防ぐ覆い，囲いは破損していないか。		
61		トロリー，チェーン，ハンガーの接続にネジの緩み等はないか。		
62	フォークリフト	ヘッドガード，バックレストに大きなガタツキや破損箇所はないか。		
63		パレット上の荷は安定しているか。		
64		許容荷重を厳守しているか。		
65		資格のある者が運転しているか。		
66		運搬中はフォークをチルトしているか。		
67		フォークの高さは適正か（走行中）。		床面上20cm以内
68		急発進，急旋回していないか。		
69		用途外の使用をしていないか。		フォーク爪による荷のつり上げ等
70	物揚げ装置	フックを荷の真上にしてつり上げているか。		
71		玉掛けワイヤーは適正なものを選定しているか。		繊維スリング，チェーンについても同様
72		玉掛けワイヤーのつり角度は正しいか。		60度を超えないことが望ましい
73		玉掛けワイヤーの廃棄基準は守られているか。		
74		繊維スリングの廃棄基準は守られているか。		
75		つりチェーンの廃棄基準は守られているか。		チェーンブロック
76		フックの外れ止めは機能するか。		
77		チェーンブロックの取り付けは十分か。		あごの広いときは緊結すること
78		つり荷のアイボルトの強度は確実か。		
79		門型架台は転倒しないように使っているか。		チェーンブロックを取り付けて使う場合

●●● さくいん ●●●

ア

揚卸口　102
アース　69，72
圧縮機　36
圧力計　86
油ボロ（ウエス）　87
安全囲い　38
安全型　38
安全装置　36
安全帯　150
安全点検　10，11，12
安全プレス　39
異常時の点検　12
移動電線　67
移動はしご　105
引火性の物質　82，84
インターロック　37，51
受け囲い　21
運転開始の合図　24
運搬作業　154
押しボタン　24，64
温度　110

カ

開口部　100
階段　103
回転軸　19，20
回転部　19
火気　80
囲い　18
ガス集合装置　89
ガスボンベ　90
ガス溶接・溶断　80
カッターナイフ　140

金型の変更が頻繁なプレス　44
可燃性ガス　84，85
可燃性粉じん　95
紙断裁機　50
換気　113
換気窓面積　113
乾燥設備　93
寒冷な屋内作業場　110
ギヤ　21，125
危険物乾燥設備　94
脚立　108
共同作業時　44
局所照明　111
キースイッチの切替え　45
切替えスイッチ　43
キンク　132
空調設備　113，114
グラインダー　141
クレーン　129
携帯用グラインダー　141
月例点検　12
研削といし　25，27，29
研削といしの覆いの厚さ　28
研削盤　25
原動機　18
高圧ガスボンベ　90
工具棚　136
工作機械　55
光軸　42
光線式安全装置　41，42
交流アーク溶接装置　73
固定式接触予防装置　31，34
ゴム練りロール機　52
混合機　35

165

コンセント　65
コンベヤー　122

サ

採光　111
作業開始前　128
作業床　100
作業服　146
作業帽　146
作業面の照度　111
酸化性の物質　85
酸欠　118，119
酸素欠乏危険作業　117
始業点検　12
姿勢　152
自然発火の防止方法　88
湿度　110
自動機・産業用ロボット　53
自動電撃防止装置　74，75
自動プレス　39，40
シャー　49
射出成形機　51
遮断器　63
終業点検　12
照明　111
食品加工用機械　35
暑熱な屋内作業場　110
垂直はしご　104
ストレートフランジ　26
スパナ　139
スラットコンベヤー　124
座り作業　153
成形機　36
静電気　76
静電塗装　92
切削機　35
接触予防装置　31，34

切断機　35
接地　69，71，72
全体照明　111
旋盤　57
専用プレス　38
騒音　114
騒音防止策　115

タ

タレット旋盤　58
帯電防止剤　78
タガネ　138
多湿な屋内作業場　110
立ち作業　152
玉掛けワイヤロープ　132，133
タンク内溶接　119
チェックシート　14，16
通風　113
通路　98
低圧配線　62
定期点検　12
手押しかんな盤　34
手工具　136
手すり　100，103
手持型電灯　68
電気ドリル　143
点検管理の診断書　16
点検基準　14
点検の実施者　11
点検表　14
電動機　69
電動工具類　70
点滅器　64
といし　27，141，142
搭乗設備　130
動力遮断装置　23
動力プレス　38

さくいん

特別点検　12
塗装設備　91
扉開閉確認スイッチ　51
ドライバー　138
ドリル　143

ナ
ナイフスイッチ　63
日常点検　12
燃焼　80
ノーハンド・イン・ダイ　39, 40

ハ
配線ケーブル　66
履物　148
刃先の角度　138
発火性の物質　84
幅木　20, 122
ハンド・イン・ダイ　40
反ぱつ防止爪　30
反ぱつ防止ロール　30
ハンマー　138
非常停止装置　53
ピット　100
火花の飛散　81
表示　157
不安全な行動　13
不安全な状態　13, 15
プーリー　21
フォークリフト　126
付属配線　74
踏さん　105, 106, 108
フライス盤　60
フランジ　142
粉砕機　35
粉じん爆発　96
分電盤　62

ベルト　21, 22
ベルトコンベヤー　123, 124
ペンダントスイッチ　129
防護範囲　42
ボール盤　59
保護覆いの開口部　27
保護具　146
保護帽　149
保護めがね　55, 116
ポンチ　138

マ
まぶしさ　112
万力　139, 140
面取り盤　34
モーター　69
木材加工用帯のこ盤　33
木材加工用丸のこ盤　30
モンキーレンチ　140

ヤ
有害光線　116
床面　99
溶接・溶断　81
溶接棒ホルダー　73
腰痛　152

ラ
リスクアセスメント　10
両手操作式安全装置　41, 49
漏電遮断器　70, 72
ローラーコンベヤー　124
ロール機　36, 52

ワ
ワイヤロープ　133
割刃　30

167

安全衛生実践シリーズ

あなたの職場の安全点検

平成21年 5 月 7 日　第 1 版第 1 刷発行
平成26年 9 月19日　第 2 版第 1 刷発行
平成30年 2 月23日　第 3 版第 1 刷発行

編　　者　中央労働災害防止協会
発 行 者　阿　部　研　二
発 行 所　中央労働災害防止協会
　　　　　〒108-0023
　　　　　東京都港区芝浦3丁目17番12号
　　　　　　　　　　　　　吾妻ビル9階

　　　　　電話　販売　03(3452)6401
　　　　　　　　編集　03(3452)6209
イラスト　田　中　　斉
印刷・製本　(株)三　秀　舎

落丁・乱丁本はお取替えいたします。　　©JISHA 2018
ISBN 978-4-8059-1769-5 C3360
中災防ホームページ　http://www.jisha.or.jp/

本書の内容は著作権法によって保護されています。
本書の全部または一部を複写（コピー），複製，転載すること（電子媒体への加工を含む）を禁じます。